二手车

USED CAR

实战案例精讲

王 萌　编著

机械工业出版社
CHINA MACHINE PRESS

《二手车鉴定·评估·交易实战案例精讲（第1辑）》收录了来自企业一线的50个真实案例，融合了“行业新手”的失败教训与“行业高手”的成功经验，既涉及寻找车源、评估定价、交易谈判、整备翻新、营销销售、售后服务等传统业务技能，也涉及线索搜集、流量转化、数据管理等创新方法。

本书的每一个案例都分为“车况速览”“案例来龙去脉”“案例处置过程和结果”“胖哥实战分析”“更优处置建议”“举一反三思考”六个模块，从场景代入到实战分析，再到设问启发，既有“干货直给”又有“思考空间”，帮助读者将书面知识高效转化为“内功”并顺畅应用于工作实践，实现立竿见影的学习效果。

本书主要面向二手车行业的投资人、各级管理者和一线工作者，同时也可作为企业培训资料，以及中高职院校、普通高等院校汽车相关专业的教学参考读物。

图书在版编目（CIP）数据

二手车鉴定·评估·交易实战案例精讲. 第1辑 / 王萌编著. -- 北京 : 机械工业出版社, 2024. 12.

ISBN 978-7-111-77092-3

Ⅰ. U472.9; F766

中国国家版本馆CIP数据核字第2024V5M666号

机械工业出版社（北京市百万庄大街22号 邮政编码100037）

策划编辑：孟 阳　　责任编辑：孟 阳

责任校对：樊钟英 张 征　　责任印制：张 博

北京利丰雅高长城印刷有限公司印刷

2025年1月第1版第1次印刷

145mm×210mm·8.25印张·258千字

标准书号：ISBN 978-7-111-77092-3

定价：99.90元

电话服务

客服电话：010-88361066

010-88379833

010-68326294

网络服务

机 工 官 网：www.cmpbook.com

机 工 官 博：weibo.com/cmp1952

金 书 网：www.golden-book.com

机工教育服务网：www.cmpedu.com

致 谢

谨以此书献给一路陪伴我的家人，他们帮我分担了很多生活的责任，让我能全身心投入到工作和这本书的创作中。

感谢全国多家行业协会、汽车经销商集团、二手车经销 / 服务企业的支持和帮助，感谢众多行业前辈、领导的信任与提携。

感谢本书编辑孟阳先生，这本书的出版是我们共同努力的成果。

特别感谢以下单位和个人：

中国汽车流通协会

北京市汽车流通行业协会

山东省二手车流通协会

河南省二手车流通协会

青岛市汽车行业联合会

西安市汽车流通协会

重庆市二手车行业协会

二手车资深从业者　黄思宁女士

港宏汽车集团　邓菲菲女士

广汇拍　任庆龙先生和王颖女士

北京梅赛德斯 - 奔驰销售服务有限公司　杨毅先生

查博士

有辆拍

优行优客信息科技有限公司

万高延保 / 功夫车服

新丰泰汽车　党瑞章先生

中升集团　姚成君女士

利星行汽车　珊丹女士

森那美汽车　詹育鸣先生

永达汽车

北京祥龙博瑞集团

北汽鹏龙集团

北京友加汽车

北京 / 成都加百列二手车

佛山迈卡易二手车

上海中轻二手车

摩念汽车　沈念亮先生

宁波车太帅新能源二手车　董琪先生

前 言

为什么要写这本书？

2020 年后，全球经济形势骤然变化，我国的经济发展也步入新阶段。汽车产业作为我国经济的标杆性产业之一，势必伴随经济发展出现波动和调整，而二手车行业作为汽车产业链的重要一环，也将面临前所未有的机遇和挑战。

二手车行业宏观发展趋势：从“小散乱”的经纪中介模式，到规模化经营的品牌连锁模式；从区域市场到全国大市场，乃至全球大市场；交易环境由不规范到规范，形成良币驱逐劣币的发展趋势。

老百姓汽车消费理念和方式的变化趋势：从不相信二手车，到敢买、想买二手车；从聚焦传统燃油汽车，到更关注电动化、智能化汽车；从只愿意全款购买（资产属性）到更愿意贷款购买（金融属性）。

截至 2024 年 6 月，我国的汽车保有量达到 3.45 亿台，近几年的汽车年产销量超过 2500 万台，出口量超过 500 万台，多项数据都位列全球第一，但二手车年交易量与新车年交易量之比（旧新比）仅为 0.7∶1，远低于汽车消费流通发达国家平均 2∶1 的水平。只有二手车交易量超过新车交易量，再叠加二手车“出海”，我国汽车产业才能真正走上消费流通助力生产力提升的健康通道。

目前，我国二手车行业正面临发展转型阶段的巨大挑战，在二手车年交易量不足 2000 万台的背景下，相关注册公司数却超过了 80 万家，竞争态势可谓“惨烈”。融资和运营成本不断增加，供需两端道德风险难以消除，新车价格频繁波动，导致二手车行业的投资人、企业管理者、一线工作者都异常焦虑和困惑，2024 年 3 月后的“新车降价潮”已经导致全国超过 80%（部分地区超过 90%）的二手车经销企业处于持续亏损状态，长此以往，前路迷茫。

当下，不仅是二手车行业，很多行业都面临从“资源为主”向“运营为主”转型的困惑，从依赖政策、渠道、人脉等“外在因素”，到依靠认知、机制、团队、技术等“内在因素”，必然要经历“改革的阵痛”。

近几年来，尽管很多从业者开始出现“意识觉醒”，越发重视学习与交流，但整个行业缺乏系统化实战培训，尤其是案例培训的现实，还是让他们很难在认知能力和业务能力上获得质的提升。传统意义上偏重理论方法的培训，已经难以适应企业的生存和发展需求，导致很多企业和从业者的“试错成本”不断增加，严重影响了行业的健康发展。

身为从业二十多年的“行业老兵”，笔者深感有责任聚合行业优势资源，创作一系列源于实战又超越实战、真正服务于广大从业者、让所有从业者都能有所思且有所用的“实战手册”，通过还原实战场景和复盘实战方法，在引发从业者共鸣、共情的基础上，帮助从业者切实提升认知能力和业务能力，帮助企业降本增效、高质量发展。

这本书写给谁看?

这本书写给那些立志于扎根二手车行业、秉持“长期主义”思想、愿学习、肯做事的投资人、管理者和一线工作者。

对于企业的投资人和高层管理者，这本书能帮助你站在业务一线的视角，审视、思考并解决企业的发展定位、经营规划、组织架构、绩效机制、人才培养等问题。

对于企业的中层管理者和业务骨干，这本书能帮助你厘清业务动线，学会将人均营业额（人效）、单位面积营业额（坪效）、资金使用效率等宏观经营理念与微观管理方法有机结合，提高管事、管人的能力。

对于企业的一线工作者，这本书能帮助你以“身临其境”的体验感，高效学习与二手车鉴定评估、收购销售、整备翻新、售后服务、新媒体营销、财务法务相关的业务知识、工作思路和实战技巧，让你少走弯路、少交学费、快速成长、提高收入。

这本书有什么特点?

这本书的特点与笔者的从业经历和职业理念息息相关。

自 2003 年入行以来，笔者先后在二手车交易市场、汽车经销商集团、汽车电商平台、汽车行业培训机构从事业务、经管和教学工作，以中国汽车流通协会二手车行业专家的身份，或组织或参与北京、山东、河南、青岛、西安、重庆等地二手车行业组织和企业的各类活动，同时坚持运营面向二手车行业的自媒体账号并创作相关内容，在微信公众号、抖音等平台聚拢了超过100万粉丝，原创文章和视频的全网阅读/观看量超过2亿人次。因此，可以负责任地说，笔者懂行业、更懂行业人，也知道该如何帮助企业和从业者排除现实障碍、化解发展困惑。

这本书收录的案例都来自企业一线，既有“行业新手”的失败教训，也有“行业高手”的成功经验，既涉及寻找车源、评估定价、交易谈判、整备翻新、营销销售、售后服务等二手车“传统技能”，也涉及线索搜集、流量转化、数据管理等二手车“创新方法”。

这本书的每一个案例，都分为“车况速览”“案例来龙去脉”“案例处置过程和结果”“胖哥实战分析”“更优处置建议”“举一反三思考”六个模块，从场景代入到实战分析，再到设问启发，层层递进，既有“干货直给”又有“思考空间”，帮助你将书面知识高效转化为“内功”并顺畅应用于工作实践，实现立竿见影的学习效果。

这本书该怎样看出价值、用到实处？

笔者希望读者朋友能在每一个案例的学习中做到“换位思考”“独立思考”“发散思考”。所谓“换位思考”，就是尽量站在案例中的某位主人公的视角去看待问题和思考问题；所谓“独立思考”，就是在学习过程中先不要求助于他人和互联网等“外援”，不要不经思考就直奔书中的解决方案，要先独立寻找问题症结、思考解决路径、设计解决方案，再与书中的内容作对比；所谓“发散思考”，就是不要让学习过程在解决方案出现时戛然而止，要多想一想，还有没有“隐藏问题”或“类似问题”，还有没有其他解决路径和方案。

如果你是企业管理者，这本书将是用于员工内训提升的理想资料，你可以参照书中案例设计和组织实战演练活动，让参训员工分别扮演案例中的某位主人公进行“实战互动”，让员工在相对轻松的氛围中高效掌握实战技能，同时提升团队配合度。

为了更好地、持续地服务于广大读者朋友，笔者未来会根据行业发展和一线需求情况，以每年至少一本的频次编写和出版后续实战案例集，此外，还将依托自媒体账号，以及机械工业出版社的学习平台，推出各类衍生产品和服务，比如企业运营思维导图、短视频案例解说、企业走访实录、读者直播互动和线下分享会、案例提供者上榜等。如果读者朋友们有更多需求，笔者也愿意及时跟进，希望我们能携手共进。

由于笔者水平有限，书中难免有疏漏和不妥之处，恳请广大读者朋友批评指正。

要了解更多与本书相关的活动以及二手车行业信息，可以关注笔者的微信公众号“二手车小胖说”（微信号 ucxiaopang）或添加笔者的工作微信“二手车小胖”（微信号 king2sc）。

目录

致 谢

前 言

第 1 章 常见失误基础类 / 001

案例 1.1 车况有争议，买家压价不过户 / 002

案例 1.2 海外自带车，交易要补税 / 007

案例 1.3 专业解释太复杂，多家检测有偏差 / 012

案例 1.4 亲友扩损车，客户自认可 / 018

案例 1.5 车架号锈蚀，技改门道多 / 023

案例 1.6 新车交付没谱，车主隐瞒事故 / 028

案例 1.7 粗心检测失误多，好客户很难得 / 033

案例 1.8 保养顺便置换，隐瞒事故投机 / 038

案例 1.9 严重调表车，隐私要求多 / 044

案例 1.10 人伤事故车，连环坑要躲 / 050

案例 1.11 拆车件精修，多次事故误判 / 055

第 2 章 维保记录手续类 / 061

案例 2.1 忽视“三者”事故，置换业务巨亏 / 062

案例 2.2 全损记录延迟，车商压价不过户 / 067

案例 2.3 百万路虎千元火烧，记录影响损失大 / 072

案例 2.4 零记录精修大事故，低价诱惑多 / 077

案例 2.5 累计大额维修贬值，店内售后矛盾 / 082
案例 2.6 零理赔精修事故车，风险大损失多 / 087
案例 2.7 大事故小金额， 一不小心就“背锅” / 093
案例 2.8 多次出险记录差，按照事故算折价 / 098
案例 2.9 拍卖平台欠税车，查封责任要界定 / 103
案例 2.10 保险送修换件车，零售风险非常高 / 108

第 3 章 火烧水泡事故类 / 113

案例 3.1 泡水全损车，伪装卖高价 / 114
案例 3.2 涉水换气囊，报价太保守 / 119
案例 3.3 改装件拆分卖，车商违约雪上加霜 / 124
案例 3.4 抵账二手车，泡水问题多 / 129
案例 3.5 精修事故车，销售模糊卖 / 134
案例 3.6 大事故外修车，客户装傻致内斗 / 139
案例 3.7 售后失误火烧车，二手车回购善后 / 144
案例 3.8 客户计谋多，误判泡水车 / 148
案例 3.9 涉水车高价收，拍卖不成低价出 / 153
案例 3.10 按揭事故车，置换引风波 / 158

第 4 章 定价谈判管理类 / 163

案例 4.1 多任车主超豪车，频繁抵账记录乱 / 164
案例 4.2 上门看车隐患多，复检发现大问题 / 169
案例 4.3 多渠道比价，不惧怕施压 / 174

案例 4.4 重度改装车，情绪价值多 / 179
案例 4.5 电车降价快，二手贬值高 / 184
案例 4.6 经典老爷车，情怀难定价 / 188
案例 4.7 售后扩损车回店，部门内斗难处置 / 193
案例 4.8 个性化改装电动车，裸车寄售更好卖 / 198

第 5 章 投诉纠纷风险类 / 203

案例 5.1 粉丝售卖事故车，舆论抹黑风险高 / 204
案例 5.2 隐瞒事故为逼单，急于成交漏检测 / 209
案例 5.3 零售标价水分大，用户投诉低收高卖 / 214
案例 5.4 车况模糊埋隐患，原价回购亏损大 / 218
案例 5.5 人亡事故车，记录露马脚 / 222
案例 5.6 零售老车隐患多，出现纠纷难处理 / 226
案例 5.7 合法合规采购豪车，资产冻结过户遇阻 / 230
案例 5.8 夫妻共同财产，一方卖完一方抢 / 235
案例 5.9 配置偏差惹争议，店端失察风险大 / 239
案例 5.10 高车低评引纠纷，诚信经营是根本 / 244
案例 5.11 索赔记录延迟，客户投诉退车 / 249

第 1 章 常见失误基础类

案例 1.1 车况有争议，买家压价不过户

图 1　案例车

车况速览

年款型号：2013 款 雪佛兰迈锐宝 2.0 手自一体舒适版（图 1）

生产日期：2013 年 6 月　　登记日期：2013 年 9 月

行驶里程：12.8 万公里　　车身 / 内饰颜色：黑 / 米

使用性质：个人非营运　　获得方式：购买

过户次数：1 次

案例来龙去脉

X 先生来到 A 店，表示计划用自己的雪佛兰迈锐宝置换一台新车。店内二手车评估师对这台迈锐宝进行鉴定后，认为整体状况不错，预计市场批发行情为 3.1 万元，于是向 X 先生报价 2.9 万元，X 先生欣然接受，置换顺利完成。

收购这台迈锐宝后，A 店二手车部门按照集团要求进行多平台拍卖和多车商价格比较，在拍卖平台 S 上有二手车商 W 出价 3.15 万元，为最高报价，因此确定在 S 平台交易。

线上成交后，二手车商 W 超过 15 天仍然不过户，推脱说这台迈锐宝有“发动机舱关键部件维修”，严重影响残值，而 S 平台的车况描述中没有提到相关情况，A 店二手车评估师也没有告知，要求原款退车或者让价 1 万元。

S 平台对二手车商 W 的处罚至多是不退还 2000 元过户保证金。

这台迈锐宝迟迟不能过户导致 X 先生担心有法律风险，声称要投诉 A 店和主机厂。A 店二手车部门因此陷于被动局面。

案例处置过程和结果

1. 对 A 店而言，如果终止交易，至多得到 2000 元过户保证金，而 X 先生投诉导致的损失必然超过 2000 元，并且存在其他衍生风险。店总和新车销售经理要求三天内解决问题，二手车经理只好采取“协商补偿价格”方式，催促二手车商 W 尽快过户。

2. 二手车商 W 要求让价 1 万元，属于“狮子大开口”，平台 S 则是利用规则“甩锅”。A 店二手车经理与 S 平台沟通，让其增加补偿金额，S 平台只同意提供 2000 元代金券。

3. A 店二手车经理分析，这台迈锐宝如果退回，则算委托方违约，也就是本店违约，并不能罚没二手车商 W 的过户保证金，而且再次拍卖的价格可能只有 2.5 万元，再加上拖回运费 1000 元左右，本店预计损失 5000 元，因此，只要能将损失控制在 5000 元以内，就尽快解决，尽量不“赎回”这台车，避免节外生枝。

4. A 店二手车经理通过行业关系和 S 平台会员联系人再次与二手车商 W 协商，要求降低补偿金额，并在三天内过户。二手车商 W 最终接受“平台 S 补偿 2000 元代金券 +A 店退回补偿 5000 元”处置方案。

5. 这台迈锐宝的收购价是 2.9 万元，拍卖批发价是 3.15 万元，毛利应

当是2500元，结果目前的处置方案导致亏损2500元。A店二手车部门承担了50%的亏损责任，全员士气低落。

胖哥实战分析

1. 首先确认车辆是否真实存在“关键部件维修”问题，以及二手车鉴定评估人员是否存在工作失误，如果存在就要认赔。

2. 从A店评估照片记录（图2）和拍卖平台S上传的发动机舱照片看，案例车并没有关键部件损伤和维修情况，因此排除A店评估师和S平台工作人员存在鉴定和描述失误的可能性。

3. 通过实车检测确定没有问题后，还应当核准车辆的维修保养和出险理赔记录，毕竟记录不正规影响二手车价值的案例层出不穷，这也是二手车行业的“灰色链条”，必须特别注意。案例车只更换了发动机罩和前保险杠总成，累计出险理赔金额仅有2000元（图3），确实不存在二手车商W所说的“关键部件维修”情况。但是还不能排除多车事故出险的情况，要通过保险查询平台和保险公司，问询相关事故连带出险情况，避免误判。经过与保险公司沟通，案例车的追尾事故损伤轻微，是维修店为了“走费用”才选择更换保险杠和发动机罩。无论从专业第三方检测，还是行业普遍认知的角度，这都不属于“事故车”或有“关键部件维修”。

图2　发动机罩

4. 根据经验判断，引起这场纠纷的真正原因大概率是二手车商W在拍卖时“头脑发热”出价过高，事后反悔，又不愿支付2000元违约金，而且笃定A店不会冒无法过户的风险，因此企图耍赖，咬定描述与实际车况不符。

5. 查阅S平台的拍卖争议规则（图4）可知，一方面，如果确实存在“核心部件损伤描述失误”情况，至多会给予买家与过户保证金等额的赔偿金，也就是2000元，没有额外赔偿；另一方面，如果是S平台的描述失误导致交易失败，则S平台应当承担车辆的赎回处置责任，只要A店不存在违规行为，就不应当承担相关责任。

6. 分析可知，A店不存在违规违约行为，属于无过错方；S平台的

2000 元过户保证金显然不足以避免买家故意“压价”违约，其争议规则也存在一定风险。

更优处置建议

1. 保证车况描述正确、保证买家履约过户等都是拍卖平台的责任。因此，二手车商 W 违约产生的成本，应当全部由 S 平台承担，A 店没有责任。不过，为避免无限期拖延导致 X 先生投诉，以及车辆退回再次拍卖导致损失进一步扩大，A 店可以给予一定支持。有理就要讲清楚，不该背的“锅”绝对不能背。

2. A 店要做好风险准备，如果 S 平台拒不负责，二手车商 W 继续拖延不过户，进而导致 X 先生投诉，就要走法律诉讼程序，一方面，可申请冻结二手车商 W 的银行账户，暂停与 S 平台的一切合作；另一方面，要主动补偿 X 先生的损失，但可通过诉讼要求由二手车商 W 承担。这样一来，二手车商 W 和 S 平台就可能重新评估得失，选择协商解决。

3. 提高沟通效率和透明度。选择从拍卖平台采购车辆的二手车商在经营上一般比较规范，不会没有沟通余地。最好建立三方直接沟通的微信群，避免拍卖平台在中间“传话”导致误解。

4. 理想的处置方式是，A 店象征性补偿 500 元过户费给二手车商 W，但要在车辆过户后通过拍卖平台 S 转交，S 平台再补偿“现金 2000 元 + 拍卖佣金抵用券 2000 元”给二手车商 W。这样一来，二手车商 W 相当于共计获得 4500 元赔偿，于情于理都已经非常合适；A 店不仅不会亏损，还能实现毛利 2000 元。

交强险当前在保	是
交强险是否连续投保	否
交强险最长单次断缴时间	半年以下
商业险当前在保	是
商业险是否连续投保	否
商业险最长单次断缴时间	半年以上
车船税代缴情况	是

已结案事故报告 共4条

2019年四季度

交强险 理赔记录 1

损失金额： 约 2000

案件状态： 已结案

维修项目（2条记录）	维修方式	件数
发动机罩	维修	1
前保险杠总成	维修	1

图 3 保险公司的出险理赔记录

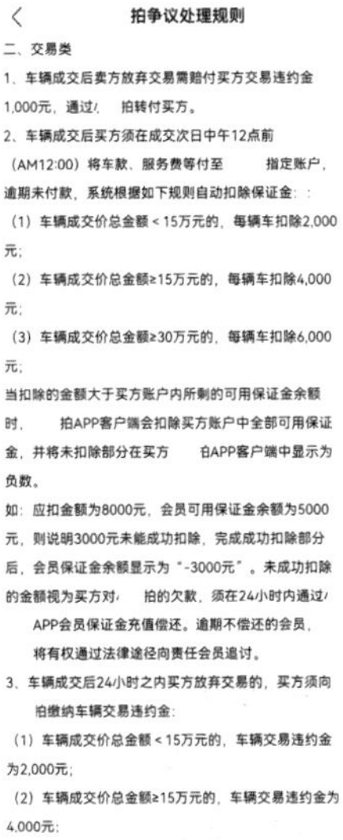

拍争议处理规则

二、交易类

1、车辆成交后卖方放弃交易需赔付买方交易违约金1,000元，通过 拍转付买方。

2、车辆成交后买方须在成交次日中午12点前（AM12:00）将车款、服务费等付至 指定账户，逾期未付款，系统根据如下规则自动扣除保证金：

（1）车辆成交价总金额＜15万元的，每辆车扣除2,000元；

（2）车辆成交价总金额≥15万元的，每辆车扣除4,000元；

（3）车辆成交价总金额≥30万元的，每辆车扣除6,000元；

当扣除的金额大于买方账户内所剩的可用保证金余额时， 拍APP客户端会扣除买方账户中全部可用保证金，并将未扣除部分在买方 APP客户端中显示为负数。

如：应扣金额为8000元，会员可用保证金余额为5000元，则说明3000元未能成功扣除，完成成功扣除部分后，会员保证金余额显示为“-3000元”。未成功扣除的金额视为买方对 拍的欠款，须在24小时内通过 APP会员保证金充值偿还。逾期不偿还的会员，将有权通过法律途径向责任会员追讨。

3、车辆成交后24小时之内买方放弃交易的，买方须向 拍缴纳车辆交易违约金：

（1）车辆成交价总金额＜15万元的，车辆交易违约金为2,000元；

（2）车辆成交价总金额≥15万元的，车辆交易违约金为4,000元；

图 4 拍卖平台 S 的买卖双方争议处置规则

举一反三思考

1．案例车的出险理赔金额如果不是 2000 元而是 2 万元，且的确存在“关键部件维修”情况，应当如何处置？

2．委托拍卖平台处置二手车存在哪些风险？如何消除或降低这些风险？

3．如果不选择委托拍卖平台处置二手车，而是将二手车先有限过户到店端再逐步处置，是否会增加店端的税费成本？

4．开展二手车批发业务，包括但不限于与拍卖平台合作，店端应当如何在合约中界定车况、手续等方面的责任？

案例 1.2

海外自带车，交易要补税

图 1　案例车

车况速览

年款型号：2020 款 沃尔沃 XC60 四驱豪华型（图 1）

生产日期：2020 年 7 月　　登记日期：2020 年 11 月

行驶里程：3.6 万公里　　车身 / 内饰颜色：白 / 黑灰双拼

使用性质：个人非营运　　获得方式：购买

过户次数：0

案例来龙去脉

W 先生计划在 B 店用自己的沃尔沃 XC60 置换一台新沃尔沃 XC90，因为本品置换补贴多，而且新车优惠幅度较大。

B 店二手车部门对这台车进行鉴定评估后，认为车况较好，协议收购价为 22 万元，市场零售价在 23.5 万元左右，零售还可享受厂家认证补贴，利润合理。

X 女士来 B 店看车时，对这台车很感兴趣，有意购买。

于是，这台车在三天内就实现了收购和零售，W 先生、X 女士和 B 店三方都很满意。

然而 2 个月后，X 女士突然找到 B 店，说税务部门要求她补缴这台车的“购置附加费”，而销售合同里注明了“车辆交易之前税费齐全”，这让她难以接受。

原来，这台车并不是国产或厂家渠道进口的，而是 W 先生从海外自带的，在内饰配置上与国产或厂家渠道进口车型有很大差异（图 2），不仅没有质保，还要缴纳不菲的税费。

图 2　案例车内饰

案例处置过程和结果

1. B 店与当地税务部门核实后，确认这类海外自带车必须补税，这台车的补税额大约要 3 万元。

2. B 店又联系原车主 W 先生核实情况，对方称置换时已经与经办人员，也就是二手车评估师沟通过税费问题，之所以愿意以 22 万元的“低价”出售，也是出于经办人员承诺过由店端承担税费。然而，二手车评估师的说法是并没有与 W 先生沟通过相关问题。尽管双方都没有具有法律效力的证据能证实自己的说法，但 B 店还是处于被动局面，因为二手车收购合同中明确写有“交易之日前，卖方承诺车辆合法、完税……”的条款。

3. W 先生以身在海外为由，一直不配合解决补税问题。而买家 X 女士在与 W 先生和 B 店多次沟通无果后，已经咨询律师，认为 B 店存在未事先告知税费和配置差异的问题，准备起诉 B 店“故意欺诈”。最终，B 店为避免“退一赔三”的最坏结果并尽快消除舆论风险，决定先给 X 女士垫付

3 万元税费，再与 W 先生协商赔偿事宜。

4. 这台车原本盈利 1.5 万元，在垫付税费 3 万元后，变成了亏损 1.5 万元。店总和二手车部门承担了主要责任，集团上级要求尽快向 W 先生追偿税费，如果无法追回税费，店总和二手车部门不仅要被扣发奖金，还要承担工作失误赔偿责任。

胖哥实战分析

1. 首先确认 B 店二手车部门是否存在工作失误。B 店二手车评估师在鉴定评估案例车时，显然没有严格执行业务流程，也就是没有查验车辆识别代码（VIN）并核对配置。案例车的舒适性配置与国内在售车型有明显区别，有经验的二手车评估师一看配置就能大概推测出是海外自带车，也就是使领馆渠道或留学生自带，这类车需要补税的概率就比较高。

2. 目前，大部分二手车企业收购车辆时不会查验车辆购置税完税证明，毕竟车管部门不会查验，过户也不要求，但这份证明中包含了海外自带减免税信息，如果二手车评估师不注意，税务部门每年核查时就有一定概率会通知现车主补税。

此外，还可以通过查验机动车登记证书的第 31 项“车辆获得方式”来确认相关信息（图 3），如果这一项填写着“海外自带”，交易时就要由原车主补税。

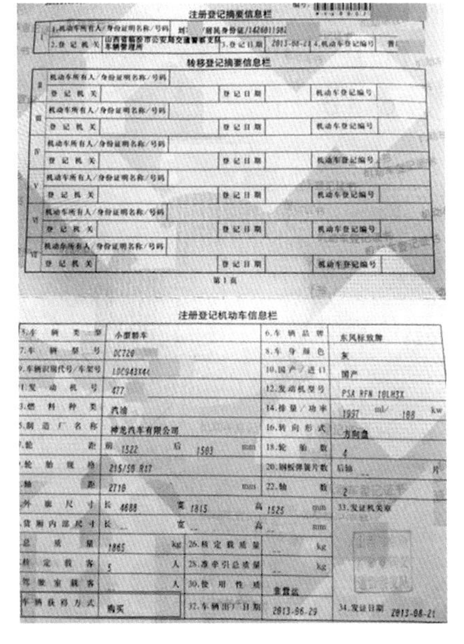

注册登记摘要信息栏

1.机动车所有人/身份证明名称/号码				
2.登记机关	山西省临汾市公安局交通警察支队车辆管理所	3.登记日期	2013-08-21	4.机动车登记编号

转移登记摘要信息栏

机动车所有人/身份证明名称/号码				
登记机关		登记日期		机动车登记编号
机动车所有人/身份证明名称/号码				
登记机关		登记日期		机动车登记编号
机动车所有人/身份证明名称/号码				
登记机关		登记日期		机动车登记编号
机动车所有人/身份证明名称/号码				
登记机关		登记日期		机动车登记编号
机动车所有人/身份证明名称/号码				
登记机关		登记日期		机动车登记编号
机动车所有人/身份证明名称/号码				
登记机关		登记日期		机动车登记编号

第1页

注册登记机动车信息栏

5.车辆类型	小型轿车	6.车辆品牌	东风标致牌
7.车辆型号	DC720	8.车身颜色	灰
9.车辆识别代号/车架号	LDC943X4	10.国产/进口	国产
发动机号	477	12.发动机型号	PSA RFN 10LH3X
燃料种类	汽油	14.排量/功率	1997 ml/ 108 kw
制造厂名称	神龙汽车有限公司	16.转向形式	方向盘
轮距	前 1522 后 1503 mm	18.轮胎数	4
轮胎规格	215/50 R17	20.钢板弹簧片数	后轴 -- 片
轴距	2710 mm	22.轴数	2
外廓尺寸	长 4688 宽 1815 高 1525 mm	33.发证机关章	
货厢内部尺寸	长 -- 宽 -- 高 -- mm		
总质量	1865 kg	26.核定载质量	-- kg
核定载客	5 人	28.准牵引总质量	-- kg
驾驶室载客	人	30.使用性质	非营运
车辆获得方式	购买	32.车辆出厂日期	2013-06-29
		34.发证日期	2013-08-21

图 3　机动车登记证书车辆获得方式项

3. 由于在法律上未告知税费和配置差异可能被认定为以“故意隐瞒”为目的“不当得利”，如果 X 女士提起诉讼，B 店败诉概率较高，有退车甚至“退一赔三”的风险。

4. B 店先给 X 女士垫付税费只是“救急”的办法，还有优化空间。

更优处置建议

1. 遇到这类情况，二手车销售顾问应当及时安抚 X 女士的情绪，并明确表示店端会尽快妥善处理。同时，店端相关人员要第一时间联系税务部门沟通情况，建立专项微信工作组，及时告知 X 女士处理进度，避免 X 女士的耐心耗尽。

2. 店端相关人员要及时联系原车主 W 先生，明确告知，无论双方是否沟通过税费问题，最终都要以合同为依据，收购合同中明确写有“交易之前税费责任由原车主承担”，而且对于补税问题对方应当是心知肚明的，毕竟当初带回国时就要处理相关手续。

3. 尽管 W 先生实际是“理亏”的一方，但面对这种情况店端的处理态度也不能过于强硬，否则容易激化矛盾。店端应当派遣专业法务人员与 W 先生沟通，委婉表示按照合同约定，如果他不配合补税，店端有权进行追偿，而诉诸法律显然对双方都是弊大于利。

4. 这类能从海外带车回国的客户，大多具有一定的社会地位和经济实力，比较在意“面子”，会顾忌法律诉讼和商业纠纷带来的负面影响，更不会轻易让自己的征信记录留下“污点”，因此只要礼貌地讲明利害得失，再辅以一定的“补偿承诺”，大多能顺利化解矛盾。

5. 对于 X 女士，要尽可能打消她的用车顾虑，可以尝试赠送常规保养作为补偿。如果 X 女士不接受，也可以作原价退车处理，避免后续风险。

6. 对于补税金额，大部分地方税务部门都是“照搬文件”，并不会减去“已经使用时间”，比如案例车正常纳税额应当在 3.2 万元左右，扣除 4 年使用时间，补税额应当在 2 万元左右，而不是 3 万元。店端法务、财务和二手车部门人员应当具备这方面的知识，如果认为税务部门提出的补税金额过高，就要据“法”力争。

7. 按照上述逻辑，W 先生实际应当补缴 2 万元左右税费，店端可以赠送 X 女士 4 次常规保养，相当于内部成本 4000 元。这样一来，进销差价 1.5 万元，扣除成本，还有 1 万元左右毛利，并不会亏损。

8. 二手车部门要加强此类“冷门”专业知识的学习，严格执行业务流程，仔细查验所有车辆手续，才能避免这类问题。

举一反三思考

1．收购二手车时，如何核查车辆的购置税完税记录和证明？针对新车售价超过 133 万元的超豪华车，如何查询奢侈税缴纳情况？

2．如何在收购合同中约定完税情况？针对案例中的“减免税补缴”情况，如何约定原车主的责任和追偿机制？实际追偿是否可行？

3．收购二手车时，遇到这类通过特殊方式 / 渠道获得的车辆，如何界定价格？如何消除收购风险？有什么培训机制和应对预案？

案例 1.3 专业解释太复杂，多家检测有偏差

图 1　案例车

车况速览

年款型号：2020 款 一汽 - 大众 CC 330TSI 华颜版（图 1）

生产日期：2019 年 12 月	登记日期：2020 年 12 月
行驶里程：5 万公里	车身 / 内饰颜色：白 / 黑
使用性质：个人非营运	获得方式：购买
过户次数：1 次	

案例来龙去脉

K先生在某二手车交易网站关注到D店挂售的一台大众CC，于是与D店销售顾问进行线上沟通并表示有意购买，销售顾问邀约K先生到店看车，并将这台车的4S店维保记录、出险理赔记录、查博士（二手车信息第三方查验平台）检测报告发送给K先生查阅（图2）。

几天后，K先生与一位二手车行业的朋友一起来D店看车，经其朋友现场查验实车后，K先生当场订车。又过了几天，K先生来店提车并顺利完成过户。

一个月后，K先生来店沟通，表示经过一段时间的使用，发现这台车的真实状况与店端工作人员发给他的记录有出入，要求全款退车。

当天沟通无果，过了几天，K先生带着当地一位直播平台主播再次来店沟通。双方的争议点是，车辆出险理赔记录显示“右下裙位置有修复”（图3），K先生认为“右下裙”属于结构件，因此这台车属于事故车，D店隐瞒了真相，应当全款退车；而D店认为出险记录、查博士报告都没有提到“右下裙”属于结构件，这台车不属于事故车，店里没有欺骗K先生。双方当日没能达成一致。

查博士 二手车交易服务平台

4. 事故检测结论：非事故车 检测标准版本号V7.5.2

事故车定义：事故车指车辆结构件经过撞击等外力作用，即使修复但仍存在安全隐患的车辆总称，具体事故车判定标准可扫描右侧二维码查看。

受限不可检：检测过程中如遇到车辆结构、检测环境，以及其他不可抗力的原因导致检测项目无法查勘的情形。

须经车主许可：局部部件拆解才能查勘，但车主未同意或授权，造成无法查勘，该检测项目会显示须经车主许可。

扫码查看事故车定义

事故检测39项，异常 项：

左A柱内侧	无事故痕迹	左B柱内侧	非事故项(划痕)
左侧上边梁	无事故痕迹	左侧下边梁	无事故痕迹
左C柱内侧	无事故痕迹	左D柱内侧	未见此项
左后轮旋	无事故痕迹	左后减震器座	无事故痕迹
左后翼子板导水槽	无事故痕迹	左后尾灯框架	无事故痕迹
右后翼子板导水槽	无事故痕迹	左后翼子板内侧	无事故痕迹
右后尾灯框架	无事故痕迹	右后翼子板内侧	无事故痕迹
行李箱后遮物板(铁质)	无事故痕迹	备胎槽(行李箱底板)	无事故痕迹
后围板	无事故痕迹	左后纵梁	无事故痕迹
右后纵梁	无事故痕迹	右D柱内侧	未见此项
右C柱内侧	无事故痕迹	右后轮旋	无事故痕迹
右后减震器座	无事故痕迹	右侧上边梁	非事故项(变形)
车身大顶	无事故痕迹	右B柱内侧	无事故痕迹
右A柱内侧	无事故痕迹	右侧下边梁	无事故痕迹
右前翼子板骨架	无事故痕迹	右前减震器座	无事故痕迹
水箱框架	无事故痕迹	右前纵梁	无事故痕迹
左前纵梁	无事故痕迹	左前翼子板骨架	无事故痕迹
左前减震器座	无事故痕迹	防火墙(前围板)	无事故痕迹
车身底板	无事故痕迹	底板横梁	无事故痕迹
底板纵梁	非事故项(变形)		

辅助事故检测19项，异常 项：

左前门框密封条	无事故痕迹	左前安全带	无事故痕迹
安全气囊	受限不可检	左后门框密封条	无事故痕迹
左后安全带	无事故痕迹	左后翼子板	无事故痕迹

图2 查博士检测报告

图3 车辆右下裙位置损伤

案例处置过程和结果

1. D店回顾收购检测记录、销售复检记录、出险理赔记录和查博士报告，确认“右下裙修复”不属于结构件修复，因此这台车不属于事故车。

2. K 先生找到一家第三方二手车法检机构，出具了一份认定这台车有“结构性事故”的鉴定报告，同时找到自媒体进行全程跟进报道，还聘请律师与 D 店协商，要求“退一赔三”。

3. 最终，D 店为息事宁人做了全款退车处理，不仅补偿了 K 先生 1 万元，还为平息舆情花费了 1 万元。这台车再次出售后亏损了 3 万元，整个事件总计亏损 5 万元。店内对相关责任人进行了处罚，二手车经理认为，部门人员对事件的处理并无过错，提出了辞职。

胖哥实战分析

1. 二手车属于非标准化产品，尽管目前针对二手车鉴定评估有国家标准和团体标准，但这些标准都不属于强制性标准，而且存在较多含混点和争议点。查博士、柠檬查等第三方二手车检测和记录查询机构都有自己的企业标准，这些标准之间也存在较多差异。

二手车销售顾问在销售洽谈过程中，要将各类记录和报告打印出来，逐项给客户解释清楚，直到客户明确表示知晓或认可并留下书面证据。

案例车无论按照国家标准、团体标准，还是第三方检测报告，都不属于事故车。所谓“右下裙”就是俗称的“底大边”，从行业共识的角度看，也不属于结构件。

2. D 店二手车销售顾问在接待 K 先生的过程中没有全程录音。销售顾问自述已经将车辆问题全部告知 K 先生，但 K 先生不认可。在与自媒体和律师沟通的过程中，销售顾问无法提供任何证据证明自己的告知行为，这显然是一个风险点。

3. K 先生带所谓“二手车行业朋友”看车并帮忙查验，销售顾问应当第一时间确认对方的身份，并明确告知 K 先生：如果有同行查验，这次交易的性质就属于“同行批发”，确认车况并成交后，店端不提供质保，交易也不受《消费者权益保护法》保护。

4. 销售顾问没有向 K 先生说明查博士检测报告的权威性和保障性，也没有说明案例车是生产厂家的官方认证二手车（图 4）。查博士作为宁德时代投资的规模较大的检测机构，有较强的赔付能力和保险公司承保，这是对车况的最好背书。

5. K 先生找第三方二手车法检机构出具的鉴定报告，实际上并不具备法律效力。目前国内所谓的“二手车法检”，大多是非专业二手车服务企业在做，目的就是混淆概念、不当得利。国家有关部门对此有专门的司法解释（图 5），也在严厉打击这类行为。

图 4　厂家官方认证二手车保障示意

法院认为，基于二手车鉴定评估的行业性质和特点，将“法检”一词作为企业字号注册并使用缺乏正当基础。在案证据显示，经过长期、稳定、广泛化的使用，“法检”一词已经与国家司法的特定语境以及人民法院、人民检察院形成约定俗成的对应关系，成为指代二者的简称。

基于二手车鉴定评估的行业性质和特点，同时综合考量“法检”一词自身含义、惯常使用场景、影响力等因素，即便“法检”一词尚有他义，二手车鉴定评估机构将其作为企业字号注册并使用亦缺乏正当基础，可能会产生不应由其享有的、来自社会公众及普通消费者的司法信赖效果。事实上，在案证据显示，已经有众多消费者对法检机动车公司使用“法检”一词产生质疑。

一审法院指出，适用反不正当竞争法对利用企业名称实施的不正当竞争行为进行规制，并未扰乱权力边界。综合以上因素，法院认定法检机动车公司将“法检”作为企业字号注册并使用的行为属于反不正当竞争法第二条规定的不正当竞争行为，应当依照上述法律规定予以规制。

图 5　关于二手车法检不正当竞争的判决说明

更优处置建议

1. D 店应当向 K 先生说明，案例车的官方认证证明和第三方检测报告作为二手车买卖合同的附件，在签订合同时是经过他签字确认的，并且合同文本中针对“车身骨架覆盖件、变速器油底壳、减振器支座、气囊传感器”等敏感部件都有特别说明。

2. D 店应当向 K 先生解释，店端选择的查博士作为第三方检测机构，对于漏检和错检情况都是承诺赔付的，而且在法律上也有明确的权责约定（图 6）。

3. D 店应当向 K 先生说明，他找第三方出具的所谓二手车法检报告是没有法律效力的，据此发起诉讼，胜诉概率很低，还要自行承担相关费用，

得不偿失。

4. 根据现实情况分析，K先生大概率是因为新车降价，感觉二手车“买贵了”，心理不平衡，才故意“放大小问题”，抱着试试看的态度找D店要补偿。如果D店的业务操作合规、双方签订的合同合法有效，就不应当惧怕K先生“找茬”，更不能为息事宁人助长这种违反契约精神的行为。

5. 事件发生后，应当及时联系咨询查博士的技术和法务部门，这类第三方检测机构一般都会提供技术和法律支持服务，要争取他们的协助。

锦和汽车 商业中心 | 查博士 证书标号：

锦和放心车检测认证证书

检测师：　检测时间：2022-06-11 15:50:46

品牌车系：

车　型：

颜　色：

车 架 号：L6T7942Z0M

郑重声明　此车已通过查博士检测认证并符合“国认证”检测标准

90天回购保障

检车日起90天内，若您发现被检车辆为重大事故车、火烧车、泡水车，查博士负责对该车辆进行差价赔付或按照市场价格回购。

鉴定单位：查博士

监督单位：锦和汽车商业中心

官方客服：400-6136-520

扫码可查看详细检测报告

注意：90天回购保障，需签订检测保障合同后生效！此认证单页不具备法律合同效力

图6　查博士检测报告的回购保障承诺

6. D店应当就检测标准和描述让K先生产生误解表示歉意，同时说明店端的操作并无过错，更不存在欺诈行为，可以象征性补偿K先生2次A类保养（店内成本在1200元左右），这是符合行业惯例和多数客户心理预期的。

7. D店应当尽快弥补销售流程漏洞，加强销售人员的专业知识培训，完善对规范执行流程的监管和奖惩机制。可以强制要求销售人员执行“二手车交付介绍视频”流程，以视频形式记录销售过程，包括车辆的所有问题、记录和第三方报告，以及向客户解释说明的过程。这样一来提升了销售人员的业务能力，二来减少了潜在纠纷投诉的解释过程，三来避免了无良自媒体等第三方怂恿客户恶意投诉或诉讼。

8. D店应当加强二手车部门人员与同行和自媒体的沟通能力。面对同行的质疑，自己的知识储备过硬是前提，要抓住问题中的专业点展开交流，就事论事。如果确实是店内问题，就尽快解决，避免节外生枝；如果店内没有问题，确定是同行“讹诈”的情况，就全程录像，明确告知其风险和影响。这个方法也适用于自媒体。

举一反三思考

1. 现实中，客户购买二手车 1~3 个月后，回店投诉说有事故未告知并要求赔偿的案例屡见不鲜，而且很多客户都是在改装店、维修店、其他二手车商的怂恿下故意夸大问题，如何避免这类问题？怎样形成闭环服务？

2. 由于新车“价格战”愈演愈烈，有些客户购买二手车后会反悔，找各种理由“退车”，如何在销售合同中合法合理地约定“订单不退”？如何减少这类行为导致的损失？

3. 遇到像胖哥这样既是业内专家又是自媒体的“二手车网红”到店帮助客户维权，如何“化敌为友”？如何“以退为进”地化解自身失误问题？

案例 1.4 亲友扩损车，客户自认可

图 1　案例车

车况速览

年款型号：2016 款 上汽大众帕萨特 300TSI 政采版（图 1）

生产日期：2016 年 11 月　　登记日期：2017 年 6 月

行驶里程：9.7 万公里　　车身 / 内饰颜色：黑 / 黑

使用性质：个人非营运　　获得方式：购买

过户次数：2 次

案例来龙去脉

X 先生到 F 店用一台上汽大众帕萨特置换新车，店内二手车评估师对这台车进行了鉴定，发现车身前部覆盖件、水箱框架、安全气囊和安全带均有更换，但前纵梁没有损伤修复痕迹。查询这台车的出险理赔记录，发现有 3.2 万元理赔额（图 2 和图 3），并且显示前纵梁有钣金修复。经过上架拆检，确认包括前纵梁在内的结构件（四梁六柱）都没有损伤修复痕迹，据此判断这台车属于“扩损车”。

千万级数据支撑 精准定位车况 汽车之家 二手车
大众 帕萨特 2015款 1.8TSI 自动尊荣版
车图仅供参考
VIN：LSV**********9371
报告生成时间：2024-02-19 12:56:39
查看配置 >
综合第三方数据解析排查，该车况综合评级
C
报告仅供参考，具体车况请以实际看车为准

车况排查 3项异常
骨架排查 非水泡车 非火烧车
发动机/变速箱 安全气囊 盗抢记录
无打包录入信息 无营运记录 里程排查

图 2 车辆出险修复记录

增压中冷器	更换	1,060元
增压中冷器出气管	更换	780元
空调管（蒸发器-冷凝器）	更换	380元
气囊	更换	2,870元
散热器出水管	更换	190元
前罩板导水板	更换	440元
钣金:前轮罩板（右）	修复	130元
辅助水泵	-	-
节气门总成	更换	1,270元
空气滤清器出气管II	更换	140元
蓄电池保护套3	修复	-
机修:拆装散热器	修复	130元
冷凝器	更换	860元
进气歧管	更换	1,740元
拆装:前翼子板（右）	修复	600元
前大灯（左）	更换	1,810元
保险杠	更换	2,280元
中网	更换	1,280元
空气滤清器总成	更换	620元
喷漆:前门壳（右）	修复	450元
钣金:前纵梁（右）	修复	450元
散热器	更换	1,270元
叶子板	更换	2,020元
燃油压力传感器	更换	240元
散热器风扇（左）	更换	1,040元

2019年四季度　核损价格：≈32,000元
案件状态　已结案,结案金额大于0
事故原因　-
维修部位明细　共49项

维修项目：	维修方式：	价格：
拆装:前大灯（右）	修复	70元
拆装:散热器框架	修复	90元
散热器风圈	更换	240元
散热器框架	更换	1,210元
机修:拆装进气歧管	修复	290元
拆装:前大灯（左）	修复	70元
电工:更换-仪表台总成	-	-
电工:拆装-冷凝器	修复	60元
座椅/安全带	更换	500元
散热器风扇（右）	更换	680元
拆装:中网	修复	60元
发动机	修复	-
钣金:前纵梁（左）	修复	450元

图 3 车辆出险修复项目清单

按行业经验，实际车况与维保和出险记录有偏差会影响二手车估值，如果是高端车则影响更大。

根据当时的市场行情和这台车的具体情况，二手车评估师向 X 先生报价 4 万元，X 先生表示无法接受，称这台车是从亲戚手里买的，所谓的事故只是前部剐蹭，并且现场打电话给亲戚确认情况，但亲戚的回答非常含糊，说记不清事故的具体情况，也记不清理赔金额。

沟通过程中，X 先生坚称这台车不属于事故车，F 店报价太低，如果不加价就放弃置换新车。与此同时，新车销售顾问一直“逼着”二手车部门满足 X 先生的要求，不要影响新车销售。

案例处置过程和结果

1. F 店将这台车的状况描述和各类记录发送给几家长期合作的二手车商，得到的最高收购报价是 4.2 万元，加上置换补贴 4000 元，他们能给 X 先生的最高报价就是 4.6 万元。

2. F 店二手车部门经过与新车销售部门协商，决定仍然给 X 先生报价 4 万元，但额外赠送 2000 元新车装饰代金券作为补偿。

3. X 先生没有接受上述方案，最终在其他店完成了置换，经了解，这台车的成交价是 4.3 万元。

4. 由于新车战败，F 店新车销售部门对二手车部门非常不满，导致置换业务配合度下降。

胖哥实战分析

1. 二手车部门首先要结合出险记录确定案例车的真实修复情况，如果确实是扩损，并没有损坏和修复，就要结合实际情况报价。

针对这类情况，至少要按维修费用的 50% 折价，但与客户沟通时千万不要一上来就直接报价，否则多数客户都难以接受，要引导客户就车分析，向客户一步步指明折价点并解释折价原因，尽可能获得客户确认和理解后再报价。

2. 要扩大这类“实际车况与记录有偏差”的瑕疵车的处置渠道，广泛询价，避免局限于经常合作的几家二手车商，可以尝试通过博车网等专业事故车拍卖平台来处置。

3. 新车销售顾问在了解到客户的置换需求后，应当尽可能探察客户的心理预期价格，了解客户是否有询价经历，这对二手车部门后续对接工作有很大帮助。

4. 二手车部门可以为新车销售顾问提供事故车标准和精准定价培训

（图 4），帮助新车销售顾问提高置换业务谈判技能，促进新车销售顾问与二手车评估师更好地配合协作。

5. 为促进置换，可以灵活开展新旧车一体化报价，减少客户痛点。

6. 针对这位很可能是被亲戚蒙蔽的 X 先生，可以更多运用同理心来劝导，说明案例车再出售给任何人都会存在风险，同时适当给予他一些优惠条件。

图 4　车辆修复情况示意

更优处置建议

1. 根据案例车的实际状况和记录情况，开展合作车商、拍卖平台多渠道比价。实际上，案例车的合理零售价应当在 5.2 万元左右，因此合理收购价应当是 4.5 万 ~ 4.7 万元，相比 F 店当时得到的最高收购报价 4.2 万元高 3000~5000 元。

2. 同年款、配置、里程的帕萨特正常收购价在 5.5 万元左右，先向 X 先生说明这一点。然后在上架拆检的过程中，带领 X 先生一起查看损伤修复点，同时核对出险修复记录，明确指出安全气囊及其支架这类重要部件的更换和修复情况，一步步向 X 先生解释折价原因。

3. 新车销售顾问要全程参与二手车交易洽谈过程，协助二手车部门人员向 X 先生解释折价原因，引导 X 先生做换位思考——如果您来购买这台二手车，了解到这些情况，您愿意花多少钱？借此逐步降低 X 先生的心理预期，同时通过许诺赠送装饰精品的方式来促进 X 先生决策，完全可以将收购价压到 4.2 万元左右。实际操作可以先报 4.1 万元，留出谈判余地，一步步加到 4.2 万元，这样更有利于让 X 先生接受。

4. 有置换补贴 4000 元，新车销售部门再提供价值 4000 元的装饰代金券（内部成本 1500 元），收购价相当于 5 万元，X 先生大概率能接受。

5. 综上，案例车的收购成本是 4.2 万元，加上内部成本 1500 元，合计 4.35 万元，处置价格按 4.5 万元计算，毛利是 1500 元。

举一反三思考

1. 针对更换/修复过“前嘴一套”和安全气囊的车，如何确定终端定价？只依据出险金额来确定是否合理？

2. 对于早年间流行的“扩损”情况，新车销售人员和二手车评估师应当如何理解？如何规避现有客户或本店售后人员提出这类需求？如果是本店“扩损”，应当怎样解释？

3. 针对这类置换战败案例，日常业务分享会上要安排哪些内容，才能确保大家学以致用？

案例 1.5

车架号锈蚀，技改门道多

图 1　案例车

车况速览

年款型号：2017 款 荣威 i6 1.5T 双离合智享版（图 1）

生产日期：2017 年 5 月

登记日期：2017 年 11 月

行驶里程：12.9 万公里

车身 / 内饰颜色：白 / 黑

使用性质：个人非营运

获得方式：购买

过户次数：0

案例来龙去脉

L 先生到 R 店用一台上汽荣威 i6 置换新车，双方商定二手车款抵扣新车首付款 2.8 万元。由于这台车里程数较大，车况不适合当地零售，R 店决定按批发处理，并在买卖合同中注明了交付条件是“15 天内过户”。

经过多拍卖平台比价，这台车的最终成交价是 3.1 万元，批发利润 3000 元。

成交车商 X 提车时恰逢周五，由于要上外地牌照，约定延迟到下周一再过户。周一，车商 X 按约定办理异地提档。迁入地车管部门在拓印车架号（VIN）时发现这台车的车架号部位发生锈蚀（图 2），尽管不是事故或泡水所致，但无法正常办理过户，必须进行技术改造，要由原车主 L 先生提供维修厂证明和相关文件，然后拓印车架号，并且要到当地（迁出地）车管部门办理。

图 2　车架号位置

经过 R 店与拍卖平台和车商 X 协商，车商 X 同意不退车，但要求 R 店负责解决车架号问题，并作为委托方承担相关费用。按行业规则和合同约定，车架号问题实际应当由原车主 L 先生负责解决。

于是，R 店联系了 L 先生，但他表示没时间去，而且不会出费用，他认为车架号锈蚀属于原车质量问题，而且二手车评估师验车时没有告知他这个情况。

案例处置过程和结果

1. 尽管买卖合同中注明了“原车主原因导致无法过户，相关责任和费用由原车主承担”，理论上原车主不配合解决车架号问题，可以做全款退车处理，但这台车的收购款已经抵扣了新车款，L 先生要赖是没办法按正常流程处理的，只能走司法程序，但这样一来费时、费力、费钱，还容易导致投诉。

2. R 店与车商 X 协商，请他们在迁入地车管部门代办有关手续，成本由 R 店承担，车商 X 报价 3500 元。R 店测算如果自行办理有关手续，往返托运成本和手续成本也超过 3000 元，并且由于这台车没有保险，存在很大风险。

3. 过了几天，车商 X 又表示变更车架号会影响残值，要求 R 店降价 3000 元。

4. 最终，经过与拍卖平台协调，R 店向车商 X 支付了异地手续代办费 3500 元，同时降价 1500 元，损失总计 5000 元，减去收购利润 3000 元，这台车亏损 2000 元。

胖哥实战分析

1. 在二手车检测中，对未知过户风险的管理非常重要。一定要核对发动机号、车架号、出厂铭牌，以及机动车登记证、行驶本、实车。车架号锈蚀现象大多出现在车龄超过 10 年的老车上，而个别车型由于使用环境、工艺质量等问题，使用三五年就会出现这种现象（图 3）。在二手车买卖合同里，有关收购、上拍、销售、批发和交付的问题应当注明责任方。

2. 车架号自然锈蚀后必须重新拓印，而且要到车辆登记地办理相关手续。如果原车主不能提供维修厂证明，地方代办机构一般也可以“想办法”，相对规范的操作成本大概是 500~1000 元。二手车业务人员要学习和掌握这些“疑难杂症”的处置流程，有相关成本概念，尤其近些年报废车补贴增加，报废车车架号不清晰可能导致无法领取报废补贴。

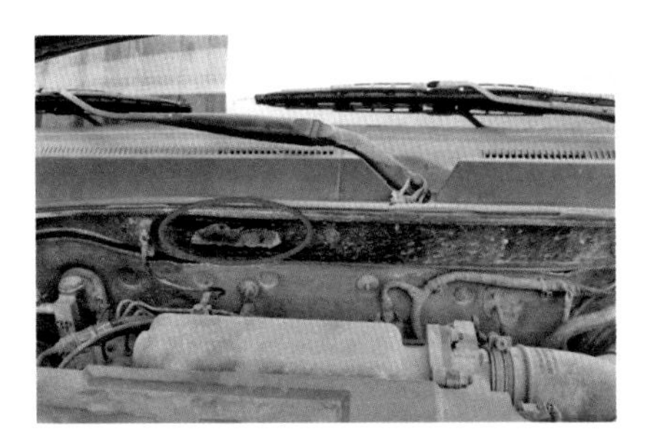

图 3　车辆车架号锈蚀

3. 案例车已经在外地，为办理手续，往返托运成本不低于 1500 元。不建议采取代驾方式，因为这个价位的二手车大部分只有交强险，没有商业三者险，出现交通事故会导致更大损失。

4. 既然是委托拍卖平台处置，车辆争议问题就应当由拍卖平台负责协调解决，毕竟拍卖平台除了收取委拍方的佣金，还会收取购买方的过户保证金、代办服务费等费用。针对案例车的纠纷，拍卖平台应当承担部分责任和成本，不能把责任都推给批发和采购两端。

5. 要追溯原车主的过户成本损失，分析收购合同约定，即使锈蚀确实是质量问题所致，也应当讲清楚。针对案例车，交付前的过户责任就应当由原车主 L 先生承担，要适度向他施压，尽量争取成本补偿，不能因为新车销售部门怕惹事、怕投诉，二手车部门就委曲求全不作为。

更优处置建议

1. 优先与拍卖平台沟通，平台争议仲裁协议中一定有关于过户问题的责任关系。如果平台评估师没有在拍卖描述中明确告知“车架号锈蚀”可能影响过户，则属于拍卖平台的检测失误，拍卖平台应当承担相应责任和成本。

2. 按照约定，出现过户问题后，应当由拍卖平台与车商 X 协商解决，R 店没有主观过错行为，按照行业常规不应当承担任何补偿责任。

3. 由于“拖延不过户”存在较大风险，R 店选择主动参与解决问题，这是合理的，但应当明确车辆代办变更过户成本，在车商 X 所在地（车辆迁入地）办理的成本是1000元左右，完全没有必要返回原登记地（迁出地）办理；这个价位的车变更车架号，不属于事故问题，拍卖争议明确，不存在折价损失，按照行业常规补偿 1000 元是上限。综上，合并损失和成本大约是 2000 元，车商 X 提出的 3500 元代办费加 3000 元折旧费完全不合理，属于“狮子大开口”。

4. R 店要明确责任和风险，这件事可以认定为原车主 L 先生因“使用问题”导致车辆无法过户，收购合同中注明了相关责任。无论他通过什么渠道申诉，都是他的责任，并且理应追偿他导致的“店端损失”1000~2000 元。即使车商 X 久拖不过户，L 先生的投诉风险也不应当由 R 店承担。

5. R 店应当要求拍卖平台与车商 X 协商过户和成本分摊事宜，毕竟平台有保证金制度，买家（车商 X）也不会因此丧失购买资格和被扣保证金。这样操作，预计现金和代金券成本在 3000 元以内就能解决问题。

6. 按照上述方式行事，R 店不会有任何额外成本和风险，但考虑到行业特点和人情世故，还是建议 R 店与拍卖平台、L 先生、车商 X 通盘协商，大家各退一步，毕竟店端也要在行业树立口碑，与平台要长期合作。因此，相对合理的处置方案是，追偿 L 先生 500~1000 元，R 店让利 500~1000 元，拍卖平台让利 500~1000 元，车商 X 诉求 1500~3000 元，不足部分由平台以提供代金券等方式解决，避免互相伤害、损失升级。

举一反三思考

1. 机动车的哪些证照手续和车身部位上有车架号？车架号中的数字和字母都有什么含义？

2. 打有车架号的车身部位在什么情况下会出现锈蚀、磨损等情况？除了工艺质量和使用环境因素外，有没有可能是事故所致？

3. 车管部门在办理过户手续时如何拓印车架号？店端日常要储备哪些相关资料？

4. 有哪些用于变更机动车发动机号、车架号的证明手续是企业可以开具的？开具流程是什么？开具的时间和成本大概是多少？存在什么衍生风险？

5. 车架号锈蚀或有修改痕迹，有没有可能是“套牌车”？如何杜绝这种情况？

案例 1.6 新车交付没谱，车主隐瞒事故

图 1　案例车

车况速览

年款型号：2018 款 宝马 118i 运动型（图 1）

生产日期：2018 年 1 月　　登记日期：2018 年 4 月

行驶里程：6.2 万公里　　车身 / 内饰颜色：蓝 / 黑

使用性质：个人非营运　　获得方式：购买

过户次数：0

案例来龙去脉

W 先生来到 M 店，计划用一台宝马 118i 置换小米 SU7（图 2）。店内二手车评估师粗略检测后认为整体车况不错，保养比较到位，只是车身前后部都有轻微碰撞修复痕迹。

W 先生表示想等新车到店后再交付旧车，并且希望店里对旧车做出“保价收购”承诺，因为 SU7 刚上市不久，存在交付周期难以预测的问题，他担心等新车到店后，旧车会进一步贬值。

考虑到新车到店至少要 3~4 个月时间，旧车大概率会贬值 1 万 ~2 万元，二手车评估师谨慎地给出了 7 万 ~8 万元的区间报价，并明确告知 W 先生，准确报价要在查询维保和出险记录，以及路试和上架检测后才能给出，而且不能给出很长时间的“保价承诺”，希望他在下订新车后尽快交付旧车，避免夜长梦多。此外，根据行驶里程判断，他的用车频率和强度并不高，在等待新车到店期间完全可以打车出行，整体核算下来，打车费大概率低于旧车贬值幅度，更何况保有旧车还要支出保险、停车、维保甚至违章等费用，长时间持有肯定是不划算的。

图 2　小米 SU7

W 先生表示可以考虑近期交付旧车，但收购价要合适才行。

在后续的详细鉴定中，二手车评估师先查询了这台车的出险记录，发现有 4 次出险，其中一次的理赔金额高达 1.3 万元，尽管维修明细中没有结构件更换，但对价值的影响还是很大的。接着，在上架检查中，二手车评估师又发现这台车更换了后防撞梁（图 3），由此可以判断发生过比较严重的追尾事故。

基于上述结果，二手车评估师最终给 W 先生报价 7.1 万元，W 先生觉得报价太低了，无法接受，并说来店前曾让懂行的朋友看过，给出的报价是 8 万元。

图 3　后防撞梁

后续沟通中，W 先生坚称暂时不打算处理旧车了，等新车到店后再说。新车销售顾问对此非常担忧，生怕刚到手的新车订单也“飞走”，而二手车评估师也希望尽快收购这台车完成业绩，但二手车经理表示要沉住气，不能着急。

案例处置过程和结果

1. M 店坚持 7.1 万元的报价，建议 W 先生直接把车卖给那位肯出 8 万元的懂行朋友，并且可以协助他办理手续，另外还特别强调，小米 SU7 没有置换补贴，这样处理不影响整体购车成本。

2. W 先生离店后，多次给新车销售顾问打电话沟通旧车收购价，表示自己能接受的最低价是 7.5 万元。对此，M 店仍然坚持 7.1 万元的报价。最终，W 先生以 7.3 万元的价格把车卖给了那位懂行朋友，而且并没有退订新车。

3. 事情虽然算是圆满解决，但新车销售顾问对二手车部门颇有怨言，认为 W 先生的旧车卖到了 7.3 万元，零售行情有 7.8 万元左右，5000 元左右的毛利已经很不错了，二手车部门的报价太保守了。

胖哥实战分析

1. 针对置换业务，新车交付时间不确定，旧车交付周期较长的情况，报价一定要考虑时间影响，尤其是在新车降价频繁、终端价格混乱的背景下。报价前可以适当做一些铺垫，避免交付报价与预报价差距过大导致客户投诉。

2. 要根据客户的用车频率和强度，分析判断是否劝导客户尽快交付旧车。像 W 先生这种用车频率和强度都不高的情况，继续持有肯定是不划算的，尽快交付是最好的选择。反之，如果客户用车频率和强度很高，可能就没必要尽快交付，更何况很多新能源汽车没有置换补贴，没必要把新旧车业务捆绑在一起。

3. 没有一定经验和十足把握，不要向客户做出超过 7 天的“二手车保价”承诺，因为现在市场行情变化太快，二手车部门会因此承受很大风险。

4. 鉴于很多客户对旧车的情况不说实话或至少有所保留，谈判阶段的报价一定要留出调整余地，并且明确告知客户经过查询记录、实车检测后可能要调整报价，新车销售顾问对此要多理解，配合二手车评估师做好沟通工作。

针对案例车，W 先生对出险记录和事故情况肯定是心知肚明的，加上他说了解过行情，就可以判断出他有隐瞒车况的想法。

5. 维保和出险记录也不可全信，还要结合实际车况判断，尤其是一些记录描述比较模糊的车。像案例车，记录里没有防撞梁修换信息，但上架检查发现换过后防撞梁，这对报价决策影响很大。

6. 对于 W 先生所说的“懂行朋友”报价，店端要心里有底，合理就收购，不合理绝不强求，避免恶性竞争。如果“懂行朋友”报价比店端报价高很多，有三种可能原因：其一是同行“打眼”；其二是店端二手车评估师水平太差；其三是客户没说实话。

更优处置建议

1. 对于实车状况与记录有偏差的二手车，店端报价普遍非常保守。建议优先找到托底的二手车商，给客户参考，然后对 2 到 3 家拍卖平台的后台数据做分析，尤其是博车网等专业拍卖事故车的平台，最后报价。注意，本地精品二手车商的报价往往是“极低”的。

2. 针对案例车，收购后再批发的利润不高，还存在一定风险，采取“代售代拍”的模式更合理，帮助客户拍卖，收取服务费，稳赚 2000~3000 元。

3. 案例车的合理零售价在 8 万元以内，二手车商的采购价在 7.3 万 ~ 7.5 万元，M 店可操作空间确实不大，同时还面临新车降价、旧车车况争议风险，因此不惜战败、坚守报价是相对合理的选择。但也有可能更好的选择，比如收购报价降到 7 万元，另加 3000 元新车装饰代金券。小米 SU7 这类网红车的后装“水分”不少，3000 元装饰的店内成本至多是 1000~1500 元，相当于店端仍然是 7.1 万元收购，而 W 先生“拿”到了 7.3 万元。“代偿心理”策略对这类年轻客户还是很有效的。

4. 针对二手车定价，尤其是战败车型的定价，二手车部门要及时与新车销售部门沟通，耐心解释，实现认知同步。可以制作“二手车收购车辆报价分析表”，将零售、批发、事故、车商报价的对比“数字化”，及时分享给新车销售部门，提高两个部门间的信任度和配合度。

举一反三思考

1. 对于新车交付周期较长的置换业务，如何向客户报价？“长期保价”或“阶梯时间报价”可不可行？

2. 遇到谈判前初检和签约前复检结论不一致的情况，应当如何应对？初步报价时如何铺垫？最终报价时如何沟通调整？

3. 针对客户隐瞒车况、高报价的情况，如何辨别？如何进行内部沟通？如何礼貌应对并促成交易？

案例 1.7

粗心检测失误多，好客户很难得

图 1　案例车

车况速览

年款型号：2014 款 保时捷 Macan Turbo 3.6T（图 1）

生产日期：2015 年 3 月

登记日期：2015 年 5 月

行驶里程：14.8 万公里

车身 / 内饰颜色：白 / 黑

使用性质：个人非营运

获得方式：购买

过户次数：0

案例来龙去脉

L 先生来到 B 店，表示想用保时捷 Macan 置换奔驰迈巴赫 S680。鉴于 L 先生是初次到店，而且奔驰迈巴赫 S680 不是畅销车型，新车销售顾问认为他只是随便看看，因此销售积极性不高。

L 先生提出先做旧车评估。由于当时正在下大雨，新车销售顾问又说不是高意向客户，差不多就行，店内二手车评估师只是粗略检查并拍照上传系统，没有按标准流程进行详细检测，在查询维保记录发现没有大损伤维修和里程篡改痕迹后，就给出了“B+ 级”车况的鉴定意见。

然而，L 先生竟然非常爽快，当场就决定置换，并把旧车留在店里，新车销售顾问喜出望外，感觉是“捡来”的一个好客户。

二手车经理在不知道评估师没做详细检测的情况下，按照“B+ 级”车况和当时的行情给 L 先生报价 26.5 万元，L 先生接受了报价，双方当场签约。

二手车部门收车后，先委托拍卖平台试拍，平台评估师对这台车进行了复检，发现后防撞梁有明显的修复痕迹，行李舱盖的密封胶条部位有明显锈迹和修复痕迹（图 2），判定车身骨架变形，属于事故车，车况评级至多是“C– 级”，评估报价 23 万元，与 B 店的收购价差了 3.5 万元。

图 2　行李舱盖密封胶条部位

此时，二手车经理和评估师都慌了，赶忙询问经营“瑕疵车”的专业商家，得知这类车的收购价比正常车少 3 万 ~5 万元，即使按最低的事故折价，收购价也不应当超过 23.5 万元。这属于典型的评估失误，而且损失巨大。

于是，二手车经理和评估师找到新车销售顾问协商，想试着与 L 先生沟通一下，看能否修改买卖合同，降低收购价。

案例处置过程和结果

1. 新车销售顾问非常不配合，表示这是二手车部门的工作失误，自己没有责任，不想约 L 先生来店，怕因此导致新车战败。二手车经理与新车销售经理沟通后，还是约来了 L 先生。

2. 二手车经理说明情况后，L 先生表示，自己当时是出于对 B 店的信任，才爽快地把车和手续都留在了店里，报价是二手车经理给的，而且当场就签了合同，大家要有契约精神，现在再“砍价”于情于理都说不过去，不会接受降价。

二手车经理表示，L 先生的行为属于“隐瞒车况”，合同里约定了这种情况导致的损失要由 L 先生承担。但 L 先生反驳道，自己始终在配合店里做检测和记录查询，没有任何隐瞒行为，如果店里用这个条款“威胁”他，他就放弃置换新车，还要向厂家投诉，甚至请媒体曝光。

3. 双方的协商最终不欢而散，只能由二手车部门自行处置，他们向几家熟悉的二手车商再次询价，最高报价是 23 万元，上拍的最高出价也只有 23.5 万元，店里至少要亏损 3 万元。

4. 由于亏损巨大，集团判定 B 店有重大工作失误，店总、新车销售经理、新车销售顾问，以及二手车部门相关人员都受到了严重处罚和通报批评，全店员工因此士气低落，新车销售部门与二手车部门更是水火难容。

胖哥实战分析

1. B 店二手车评估师没有严格执行工作流程，只看记录不核对实车就仓促给出鉴定意见；二手车经理既没有实际看车，也没有向评估师了解情况就报价签约；二手车部门没有在签约前安排另一位评估师或第三方复检。这是个人的责任心和工作态度问题，也是部门内部的沟通和管理问题，更是全店的流程设置和风险管控问题。

2. 既然已经签了合同，B 店再找 L 先生要求改价，于理于法都说不过去，自己犯了错误就应当自己承担损失。然而，对于这种巨额亏损，店里确实也很难协调解决，处罚重了，可能导致员工离职，进一步影响士气；处罚轻了，没有惩戒效果，业务只会越来越糟。

3. 对于二手车部门，当务之急是与 L 先生沟通，自己端正态度，安抚对方情绪，尽可能获得理解，然后扩大处置渠道，找到最高卖价，同时与新车销售部门协调，寻求支持。

更优处置建议

1. 二手车部门不能按照合同纠纷的思路来处置这件事，只能承认工作失误，多打感情牌，用“工作不易”“内部处罚很重”等理由获得 L 先生体谅。

2. 鉴于 L 先生对二手车经理已经有了抵触情绪和戒备心，可以先派店里经验丰富的销售顾问甚至销售经理出面沟通，尝试说服 L 先生购买店里的 3 万元延保或保养套餐（必须是附加利润相对较高的服务产品）。然后进行内部协调，由售后部门给予二手车部门 1.5 万元返利，由新车销售部门象征性地给予二手车部门 5000 元安慰补贴。

3. 不要依赖既有的本地车商渠道，要尽可能多地向拍卖平台、外地车商，甚至事故车、瑕疵车专营商等询价，按经验，案例车的批发价可以做到 24.5 万元。

4. 按照 24.5 万元的批发价核算，案例车的直接损失就是 2 万元。如果成功说服 L 先生购买延保或保养套餐，售后部门与新车销售部门也同意对二手车部门的返利和补偿方案，二手车部门就挽回了损失，相当于全店共患难。

举一反三思考

1. 针对这类严重工作失误，如何处罚相关责任人相对合理？

2. 针对需要立即签约的置换业务，如何设计工作流程和监管机制，保证高效高质完成工作？如何避免员工沟通不足或责任心不强导致损失？

3. 如何界定“客户故意隐瞒车况”的问题？如何在报价“报低”的情况下与客户进行“补偿谈判”？如何应对客户因旧车报价问题退订新车？

案例 1.8

保养顺便置换，隐瞒事故投机

图 1　案例车

车况速览

年款型号：2020 款 雷克萨斯 NX300H 全驱锋致（图 1）

生产日期：2019 年 8 月

登记日期：2019 年 11 月

行驶里程：9.9 万公里

车身 / 内饰颜色：白 / 红

使用性质：个人非营运

获得方式：购买

过户次数：0

二手车胖

案例来龙去脉

Z先生到L店保养自己的雷克萨斯NX300H，服务顾问推荐说有置换店内纯电车型优惠活动，经Z先生同意，让店内二手车评估师对Z先生的车进行简单评估报价。

二手车评估师查询这台车的维保记录，显示为原版原漆。由于雷克萨斯燃油车型提供4年10万公里免费保养服务，混动车型提供6年15万公里免费保养服务，绝大多数客户的车辆在免费保养期间的维保记录都是真实且齐全的，因此，二手车评估师按经验将这台车的车况定为精品级，给Z先生报了20万元的市场偏高价。

Z先生对报价比较满意，决定去看新车。新车销售顾问很快向二手车部门反馈，说Z先生置换意向很高，希望二手车部门的报价再顶一顶，这边的新车价格也让一让，争取配合拿下。

于是，根据店内二手车收购流程，二手评估师又对这台车进行了复检，发现水箱框架和发动机舱盖都有“隐藏”的拆卸痕迹，而且“前嘴一套”部件都没有原厂标签，怀疑有重大事故精修，立即付费查询出险记录（图2），记录显示这台车确实发生过前部追尾事故，“前嘴一套”部件都更换为副厂件（图3），属于重大事故车。

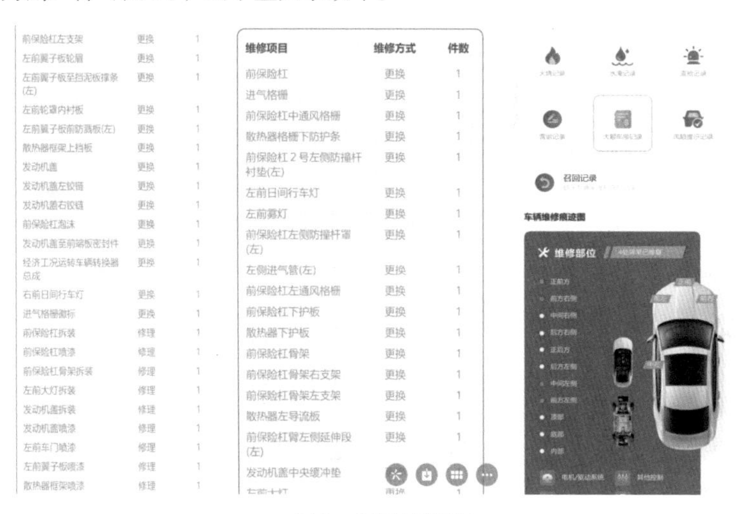

前保险杠左支架	更换	1
左前翼子板轮眉	更换	1
左前翼子板至挡泥板撑条(左)	更换	1
左前轮罩内衬板	更换	1
左前翼子板前防溅板(左)	更换	1
散热器框架上挡板	更换	1
发动机盖	更换	1
发动机盖左铰链	更换	1
发动机盖右铰链	更换	1
前保险杠泡沫	更换	1
发动机盖至前端板密封件	更换	1
经济工况运转车辆转换器总成	更换	1
右前日间行车灯	更换	1
进气格栅徽标	更换	1
前保险杠拆装	修理	1
前保险杠喷漆	修理	1
前保险杠骨架拆装	修理	1
左前大灯拆装	修理	1
发动机盖拆装	修理	1
发动机盖喷漆	修理	1
左前车门喷漆	修理	1
左前翼子板喷漆	修理	1
散热器框架喷漆	修理	1

维修项目	维修方式	件数
前保险杠	更换	1
进气格栅	更换	1
前保险杠中通风格栅	更换	1
散热器格栅下防护条	更换	1
前保险杠2号左侧防撞杆衬垫(左)	更换	1
左前日间行车灯	更换	1
左前雾灯	更换	1
前保险杠左侧防撞杆罩(左)	更换	1
左侧进气管(左)	更换	1
前保险杠左通风格栅	更换	1
前保险杠下护板	更换	1
散热器下护板	更换	1
前保险杠骨架	更换	1
前保险杠骨架右支架	更换	1
前保险杠骨架左支架	更换	1
散热器左导流板	更换	1
前保险杠臂左侧延伸段(左)	更换	1
发动机盖中央缓冲垫		

图2　车辆出险记录

此时，Z先生正在与新车销售顾问确定置换具体事项，二手车评估师不得不二次介入谈判，说现在按事故车标准只能给出15万元左右的报价，

Z 先生对此强烈不满，说二手车评估师第一次报价时已经检查过车况，而且自己并没有隐瞒事故，现在确定要置换，店里突然“大砍价”，属于典型的“销售套路”。经过新车销售顾问和二手车评估师的几番劝导，Z 先生表示可以接受的最低价是 18.5 万元，再低就不置换了，以后也不会再来店里维保，并且要向厂家投诉。

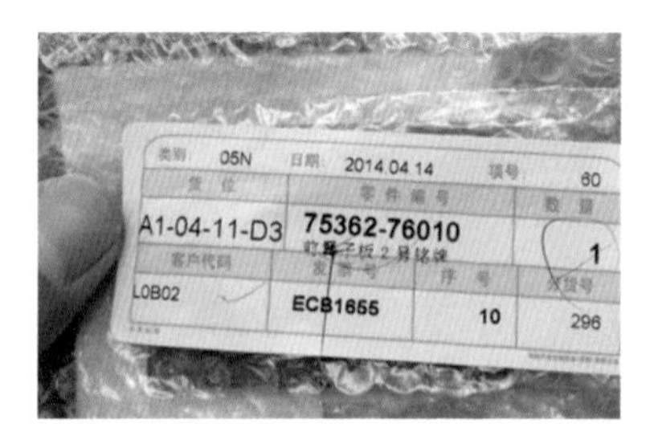

图 3　副厂件标签

二手车经理担心高价收购亏损，不希望承担过高风险，始终坚持最高报价 15 万元，最终导致置换战败，Z 先生愤然离店并向厂家投诉。由此，新车销售部门对二手车部门意见很大，当月的置换推荐量、置换率等核心指标都大幅下降。

案例处置过程和结果

1. 店总根据新车销售部门反馈，以及 Z 先生投诉情况，对新车销售经理和二手车经理各扣罚当月奖金 1000 元，对当事新车销售顾问和二手车评估师各扣罚当月奖金 500 元，且通报批评。

2. L 店通过跟踪回访对 Z 先生表达了歉意，并赠送了 4 次基础保养，获得了 Z 先生的谅解，对方撤回了投诉。

3. 当月，L 店新车销售部门二手车送评率下降 50%，评估转化成交率下降 30%，新车销售与二手车两个部门间的配合度明显下降，新车销售部门甚至出现大量“飞单”。二手车部门难以完成业绩，指标和奖金下降严重，员工懈怠，甚至有人提出换岗或辞职。店总无计可施。

胖哥实战分析

1. 二手车的评估定价，必须是“真车实况”，严格按照流程和标准执行，不能只关注店内维保记录，要有自己的判断，同时辅助出险记录，切忌“经验主义”，尤其是雷克萨斯等有免费保养服务的品牌，更不能疏忽大意。针对案例车，二手车评估师在首次报价时应当强调“不是最终报价，复检后很可能变化”，给自己留出调整余地，要让 Z 先生和新车销售顾问都理解这一点，避免后续产生误会。

2. 针对大事故车，尤其是全损车、泡水车等特殊问题车，不排除维修厂、事故处置机构、保险公司推荐原车主非 4S 店外修的情况，一定要慎之又慎。按行业常规，水箱框架损伤如果是“一体损伤”就算结构事故，如果是“非一体损伤”就不算结构事故，但由于大部分二手车评估师对此无法做出准确判断，建议只要发现水箱框架有损伤，就判定为事故车（图 4）。

3. 对于“零整比”较高的品牌 / 车型，比如奔驰和特斯拉，超额维修的概率较高，但针对案例车，记录情况和实车损伤已经很明确了，显然不是超额维修。

图 4　车辆水箱框架损伤

4. 二手车车况评估前后“偏差”导致的定价偏差，应当与市场行情进行广泛比较，不排除店内二手车部门过于谨慎导致报价过低的情况。针对案例车，二手车部门既没有留出价格谈判余地，也没有给出除直接收购以外的其他处置方案，导致业务被动，严重影响了新车销售。

5. 新车战败涉及二手车置换业务时，新车销售部门往往会以“二手车部门不给力”作借口，但实际情况并不全是如此，如何界定责任，如何合理奖惩，杜绝不同部门、员工之间“甩锅”，是重要的管理课题，必须有一套完整机制。

更优处置建议

1. 针对案例车的情况，首先要明确责任，二手车部门严格按照公司流程进行复核复检，杜绝了事故车 / 问题车采购，坚持原则，应当提出表扬；新车销售顾问积极推动置换业务，也应当提出表扬。最终战败是不同部门员工之间缺乏沟通协调导致误解所致，属于公司管理问题，而非员工业务能力和态度问题。

2. 面对像 Z 先生这种“揣着明白装糊涂”的客户，最终受伤害的大概率是店里同一个“战壕”的同事，这件事新车销售部门、二手车部门都有委屈，当然也都有自己的一些小问题，但更多是公司管理存在漏洞所致，应当重点处罚这两个部门的负责人，店总也要有担当并引以为戒，尽快主导弥补管理漏洞。比较合理的处罚方式：新车销售和二手车部门经理各处罚 1000 元，店总处罚 1000 元，新车销售顾问和二手车评估师功过相抵不处罚，开展全体员工业务讨论，亡羊补牢，尽可能避免再发生此类问题。这样一来，店总树立了权威，新旧车一体化业务也得到了促进。

3. 将这个案例梳理归纳形成学习文件在店内宣导，强调新车销售与二手车两个部门的沟通和流程衔接问题，避免被不诚信的客户“各个击破”，强调不可尽信客户描述和店内维保记录，要多渠道核对数据并核验真实车况。

4. 二手车定价流程强调真实检测结果定价，尤其是本品本店置换，如果只是“快速检测”没有复检，则要明确告知客户是“意向价格”。签约前不要把价格“定死”，建议采用“交叉岗位”复检，零售车辆采取二次复检。此外，建议增加询价渠道，尤其是事故车 / 问题车。

5. 加强员工风险意识。当下新车价格不稳，二手车贬值加快，一些客户为卖高价会“故意隐瞒”车况，因此鉴定评估时始终要抱着“怀疑”的态度，严格执行检测流程，不要急切成交，避免被人抓住把柄。

6. 提升二手车部门学习能力，实车检测时要认真检查“配件标识”。针对车灯、电机等部件，检查生产日期、鉴别原厂件与副厂件差别的方法必须掌握。

7. 加强置换业务的新旧车配合谈判技巧，面对客户“隐瞒车况”的情况，二手车评估师心里有数即可，不建议“当面戳穿”，以免影响其他业务。可以请新车销售顾问代做试探性问询，避免尴尬和投诉。

举一反三思考

1. 店内置换，尤其是单独收购本品牌二手车或外部采购本品牌二手车，应当如何开展初检、复检、记录、复查记录等工作？怎样杜绝人员失误？怎样识别店外精修？

2. 针对精修事故车，如果使用了原厂“同年份拆车件”，应当如何鉴定和定价？如果无法准确鉴定，如何计算折旧损失？

3. 如何应对“矫情”的客户？如何避免员工的“不当言行”导致投诉？

案例 1.9 严重调表车，隐私要求多

图 1 案例车

车况速览

年款型号：2017 款 上汽大众帕萨特 330TSI DSG 尊荣版（图 1）

生产日期：2017 年 9 月

登记日期：2017 年 10 月

行驶里程：6.3 万公里

车身 / 内饰颜色：黑 / 米

使用性质：个人非营运

获得方式：购买

过户次数：0

案例来龙去脉

X 先生到 S 店计划用一台上汽大众帕萨特置换店内新车。店内二手车评估师对这台车进行检测时，X 先生提出诸多“隐私要求”，比如禁止对外流传车辆照片，行驶证重要信息要隐去，拍照要遮挡车牌号和车架号。

二手车评估师查询店内 / 第三方维保记录和出险记录（图 2），发现信息不完整且不正常，但仅就店内维保记录而言，这台车无重大事故。

维修历史

车牌　　VIN　LSVD76A41HN129121　　搜索　重置

本地维修历史　全国维修历史

序号	开单日期	进站里程	维修类型	本站维修
1	2019-01-24 18:23:09	9884	一般维修	否
2	2018-11-26 14:52:18	7862	一般维修	否
3	2018-11-17 16:42:26	5331	常规保养	否
4	2018-03-29 14:01:16	22497	一般维修	否
5	2017-11-20 15:01:41	4977	质量担保保养	否

1　100条/页　前往 1 页共 5 条

图 2　车辆维修保养记录异常示意

随后，二手车评估师进行实车检测，发现四条轮胎均为 2017 年生产，制动盘片磨损较小，方向盘、变速杆、制动踏板、车窗玻璃升降开关等日常触碰频率较高的部件磨损也较小，认为 X 先生使用很爱惜，仅就磨损程度而言，仪表显示的行驶里程数比较可信。

二手车经理也参与了检测，他根据经验认为制动盘片的磨损程度与行驶里程不符（尽管不排除更换过制动盘片的可能，但轮胎的磨损情况与使用时间是相符的），此外，座椅的磨损情况与制动盘片的磨损情况明显不同步（图 3）。再根据维保时间间隔和里程数变化情况判断，他怀疑这台车调过表，真实行驶里程可能超过 13 万公里，不过 6 年行驶 13 万公里也属于正常用车强度，参考正常车况的行情，报价应当在 8 万 ~8.5 万元。

图 3　车辆磨损情况

于是，二手车评估师与X先生进一步沟通了解情况，在谈及是否调过表或存在借给别人用车的情况时，X先生明显有抵触情绪，搪塞说“车况就是这样，你们是专业的，可以自己看，价格合适我今天就提新车”。此时新车销售顾问已经与X先生谈好新车价格，二手车评估师犹豫再三，给出了8万~8.5万元的区间报价，X先生表示此前向其他车商询过价，能给到8.8万元。

案例处置过程和结果

1. 二手车部门本着支持新车销售同时对店里负责的原则，与售后部门合作对这台车进行了OBD行驶里程真实性检测（图4），读取变速器数据后，发现真实行驶里程已经超过40万公里，这无疑大大超出了表显里程，二手车评估师和新车销售顾问都备感惊讶。

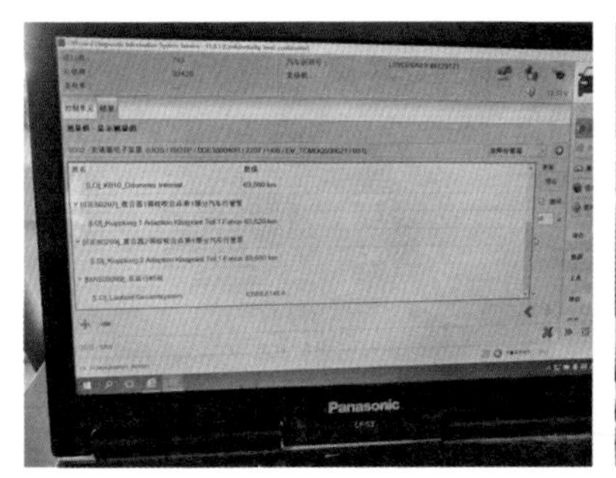

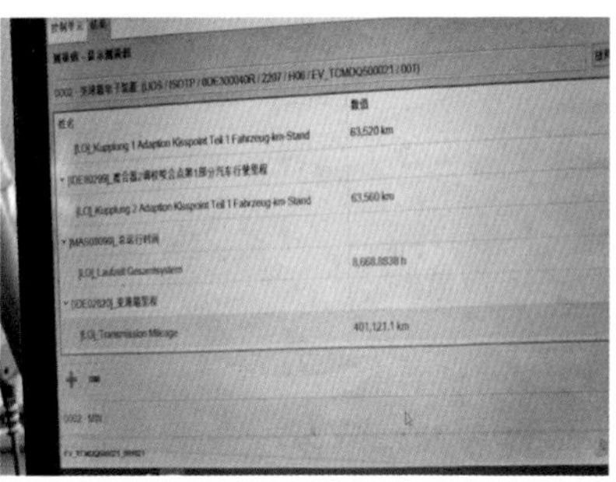

图4　车辆OBD调取变速器里程示意

2. 新车销售顾问果断向X先生“挑明”了真相，没想到对方只是淡然一笑说：我平时就是跑机场高速拉人，感觉里程数太大不美观，稍微调了一下，外边的“车贩子”不可能看出来，就算你们不收，挂网上也肯定能卖出去。

3. 二手车部门表示，对于这样不诚信的客户，这台车绝不能收。随后，二手车评估师结合新车销售顾问反馈的情况，向X先生介绍了寄售和拍卖的处置方式，表示店里只收取少量佣金，还会帮他运作置换补贴。

4. X先生嫌寄售和拍卖太麻烦，仍然想直接卖给店里，二手车评估师表示收购价最高只能给到4万元。X先生表示无法接受，决定卖给二手车商。次日，X先生如约在S店购买了新车，并表示旧车在当地二手车市场以8.5

万元的价格卖给了车商。

5. 尽管旧车战败没有影响新车销售，但新车销售顾问对二手车部门很不满，说车商都能收本店却收不了，二手车部门过于谨慎，影响了置换业务。

胖哥实战分析

1. 日常工作中，调表、事故、水泡等情况对二手车评估师而言可谓“家常便饭”，在无法确定真实车况时，应当将怀疑“最大化”，然后系统地、分步骤地做检测分析，不能图省事或抱有侥幸心理。要学会综合利用各类检测设备和辅助工具，综合多方信息判断车况，牢记“一车一况，一况一价”的原则。

很多没经过系统培训、缺少实战经验的新手二手车评估师，都会过于相信维保和出险记录、过于相信客户描述，忽视专业检测，因此而吃亏。

2. 遇到风险高、疑点多的车，二手车评估师应当多方询价，确保有托底买家出价，并结合多种处置方式（比如寄售和拍卖）和多种谈判方式（试探性问询使用场景和交通距离等）。

3. 二手车部门坚决不能因为有新车销售部门的压力，就头脑发热、糊里糊涂高价收购客户的旧车，真出现问题，新车销售部门是不会替你“背锅”的，无良客户更不会为你的“鲁莽”买单，甚至根本不会承认自己的欺瞒行为。

4. 消费者在二手车经营企业买到调表二手车，如果没有合同说明，是可以依法要求赔偿甚至“退一赔三”的，因为这是典型的故意欺诈行为，并且不需要消费者举证，而是需要二手车经营企业自证清白。

为避免上述问题，二手车经营企业要确保“源头安全”，也就是尽量不要收购调表二手车。

5. 在收购合同中，针对车况和行驶里程的真实性，以及手续的合法性，必须有要求客户做出保证并承担相应法律责任的条款，比如“由于原车主隐瞒相关信息导致的损失和风险，收购方有追偿相关损失的权力”，这样一来，即使由于鉴定评估失误收购了调表车，也能通过法律手段要求原车主退还车款，甚至赔偿损失。

经验丰富的二手车收购人员，在向卖车客户解释收购合同时，都不会忘记强调“诚信保障”条款，尤其是遇到疑点较多的车时，如果卖车客户听完这些条款解释后明显表现出犹豫不决或支吾搪塞的状态，就基本可以断定有隐情，要么坚决不收购，要么争取一个万全的处置方案。

更优处置建议

1. 加强“大里程车”和“瑕疵车”的处置渠道开发。针对案例车，尽管真实行驶里程与表显里程差距很大，但参考市场行情，再综合考虑车况，收购价不至于由 8 万元猛降到 4 万元，里程折价明显过多，合理收购价应当在 4.5 万 ~5 万元。

2. 加强员工的价值观引导和职业道德教育，不能为了业绩和奖金，就把风险和问题转嫁给企业和其他消费者。要从管理制度上根本性杜绝这类问题。

举一反三思考

1. 一般家用轿车的年均行驶里程是1.5万~2万公里，如果年均行驶里程达到3万甚至5万公里，对收购价会有多大影响？

2. 面对维保记录不全、出险记录又格外“好看”的车，二手车评估师如何利用设备工具和专业技能对车况做出准确判断？

3. 针对故意隐瞒车况的客户，二手车经营企业应当如何维权和追偿损失？如何从源头上杜绝这类问题？

4. 就国内而言，卖方调表是否违法？在法律上会受到什么处罚？

案例 1.10

人伤事故车，连环坑要躲

图 1 案例车

车况速览

年款型号：2015 款 东风日产轩逸 1.6L 舒适版（图 1）

生产日期：2018 年 1 月

登记日期：2018 年 6 月

行驶里程：10.1 万公里

车身 / 内饰颜色：黑 / 米

使用性质：个人非营运

获得方式：购买

过户次数：0

案例来龙去脉

M先生来到F店计划用一台东风日产轩逸置换新车。店内二手车评估师在检测过程中感觉这台车的整体状况较差，前脸和水箱框架部分明显是刚修复的状态，而且前保险杠和发动机舱盖都换成了副厂件；右后翼子板漆面厚度非常高，有明显钣金痕迹，而且修复工艺粗糙；拆下后门密封条发现门槛有切割痕迹，很大概率是发生过“三厢变两厢”的严重事故，属于重大事故车。

M先生表示这台车确实出过事故，也知道会影响残值，心理价位在3万元左右。二手车评估师因此认为M先生很坦诚，是老实人。

这台车的正常行情价在3.5万元左右，鉴于有重大事故，再参考拍卖平台和二手车商报价，收购价应当不超过2.3万元，但为促成新车销售，最终以2.5万元的偏高价成交。

这台车交付后，二手车部门按照集团要求先进行了多平台拍卖比价，但都没有成交，随后又联系多个本地二手车商，最终以2.65万元批发给车商C。

交易完成后的第5天，车商C开车来到F店，称这台车发生过人员伤亡事故，交强险理赔额高达18万元，这个情况店里当初并没有告知，要求全款退车，并赔偿整备费用1800元。

二手车部门再次核查出险记录，确认车商C反映的情况属实，这台车在2023年12月发生事故造成人员伤亡，但出险记录半年后才在系统中显示，店内二手车评估师收购后考虑车辆价值较低，再花费近百元核查记录不划算，因此漏掉了这个环节。

尽管车况描述没有问题，但有“重大人伤或死亡事故”没有告知，确实于情于理都说不通，买家如果走法律诉讼程序要求退车，法院一般也会支持。

案例处置过程和结果

1. F店承认存在工作失误，但希望车商C不要退车，可以补偿部分车款。

2. 车商C称如果不退车，F店就要让价1万元。

3. F店认为车商C提出的让价幅度过高，最终还是做了退车处理，并且补偿了1500元整备费用。后续再次处置这台车，没有经过拍卖平台，而是以2万元卖给了合作二手车商。至此，这台车整体亏损6500元。

胖哥实战分析

1. 第一次鉴定评估中，F店二手车评估师把重点放在了事故损坏更严重的车身后部，忽视了对车身前部事故损伤的溯源考察（图2），对于维保和出险记录细节的分析判断也有欠缺。

2. 原车主M先生承认车况较差并主动“放低姿态”后，二手车评估师便放松了警惕，对车辆相关手续和事故原因都没有“刨根问底”。

有经验的二手车评估师，检测时发现前保险杠、发动机舱盖、前风窗玻璃等部件刚换新不久就会提高警惕，这种情况下，车主立即出售是不符合正常淘汰或置换逻辑的，大概率是发生了“不吉利”的事故，急于把车出手。正确的做法是追问车主真实情况，并明确告知隐瞒实情要承担的法律责任。

3. 出于成本考虑，有些店对于中低价值的二手车，只进行实车检测，不会付费查询出险记录等信息，这就造成了很大的隐患。如果确定成交，则应当在付款签约前进行一次更全面的查询，这项成本是绝不能省的，一旦出现案例中的情况，必然是得不偿失。

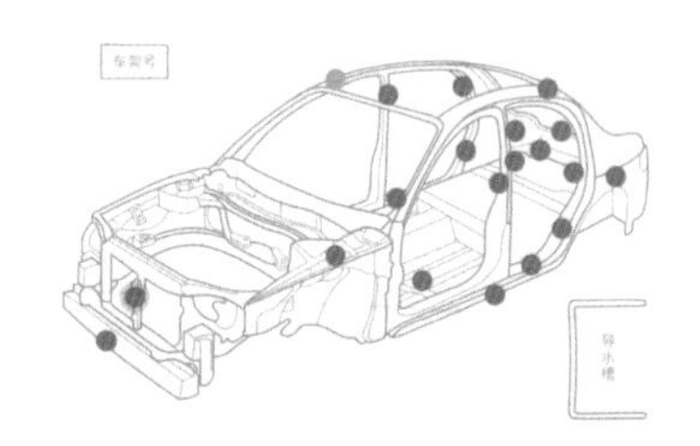

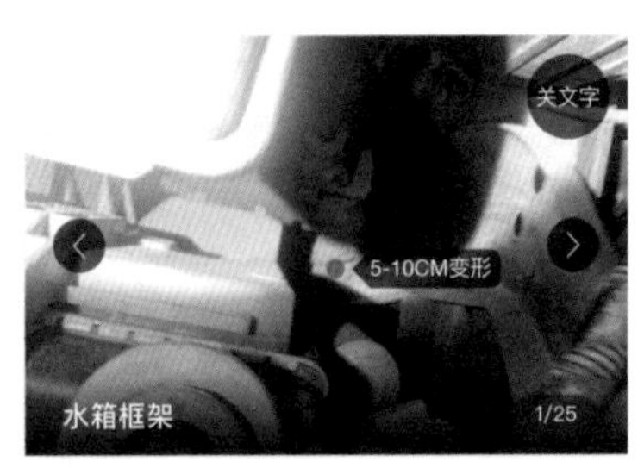

图2 车身前部损伤

更优处置建议

1. 针对案例车，车商 C 找回来要求退车是合理的，F 店应当尽可能与车商 C 友好协调，避免因纠纷导致事件升级甚至口碑受损。实际上，按退车处理就算有整备费用补偿，对车商 C 而言也并不划算，毕竟已经付出了时间和人力物力成本，但要求让价 1 万元确实属于“狮子大开口”。

2. F 店应当提前做好外部询价工作，案例车的合理行情价应当在 2 万元左右，按照这个价格，再给车商 C 补偿 5000 元左右是比较合理的。这类车商通常能找到下游渠道处置，只要不亏钱也想尽快出手。如果车商 C 能接受这个方案，F 店的损失就能减少到 5000 元左右。

3. F 店应当通过承诺一定佣金尝试与车商 C 建立“同盟”，“共战”不诚信的原车主 M 先生，这种情况下车商一般是比较配合的。

4. F 店可以先将案例车留在店里，然后让新车销售顾问与原车主 M 先生联系，协商追偿方案，利用合同向 M 先生施压，告知他故意隐瞒人员伤亡事故属于严重欺诈行为，店端有权起诉他“商业欺诈”并追偿损失，如果他自愿退还一定车款（5000~1 万元可谈）就不追究责任，就算 M 先生“负隅顽抗”，请律师的费用也不会低于 5000 元，更何况大概率会败诉，肯定是得不偿失。大多数本就“心虚”的人听到这些话肯定会害怕，对店端给出的方案不会再过多讨价还价。

5. 如果 M 先生退还 5000 元，则 F 店的采购成本下降到 2 万元，再与车商 C 协调，基本不会亏损；如果 M 先生能退还超过 5000 元，则 F 店还可能盈利。无论如何操作，总归都需要车商 C 的支持，因此可以多给车商 C 一些补偿。

举一反三思考

1. 面对重大事故车，除了进行常规的评估定价，还要考虑哪些“隐性”问题?

2. 针对这个案例，如果与 M 先生协商时，他表示交易已经完成，车况在交易前已经确认，人员伤亡事故不能作为贬值理由，拒绝再次估值赔偿，F 店应当如何处理?

案例 1.11

拆车件精修，多次事故误判

图 1 案例车

车况速览

年款型号：2021 款 奥迪 A4 进口旅行 45TFSI Allroad Quattro 探索家版（图 1）

生产日期：2020 年 10 月

登记日期：2021 年 7 月

行驶里程：2.2 万公里

车身 / 内饰颜色：蓝 / 黑

使用性质：个人非营运

获得方式：购买

过户次数：0

二手小胖

案例来龙去脉

W 先生到 A 店计划用一台奥迪 A4 进口旅行车置换另一台二手车。店内二手车评估师初步检查后发现，这台车虽然外观良好，行驶里程相对同年款车很少，但整体车况一般。

W 先生表示，这台车发生过一次右侧碰撞事故，但不算严重，只是出险记录和维修项目多，此外，他之前在其他车商处询过价，收购报价是 24 万元，如果店里报价低于这个价就不考虑卖给店里了（图 2）。

图 2　同款车二手车网站零售标价

随后，二手车评估师对这台车进行了全面的常规检测，并核对了维保和出险记录，确认车况基本与店内维保记录相符（图 3）。

根据经验，二手车评估师开始与 W 先生协商价格，表示有两个因素影响了这台车的价值：其一，虽然是 2021 款，但生产时间是 2020 年 10 月，2021 年 7 月才首次上牌，属于“小库存车”，会有一定折价；其二，车身漆面状况略差，而且出险记录多，更换水箱框架属于“结构损伤”问题，折价比较多。综合考虑，收购报价只能给到 21 万元。

W 先生表示报价太低了，二手车销售顾问急于促成交易，也让二手车评估师再“抬抬”价。经过一番“软磨硬泡”，双方最终以 21.5 万元成交。

然而，W 先生卖出这台车后，以贷款没能通过审批为由，没有购买另一台二手车。二手车部门对此并没有在意，按车况将这台车定为 C 级事故车，计划进行或批或零处置，销售底价 22.5 万元。

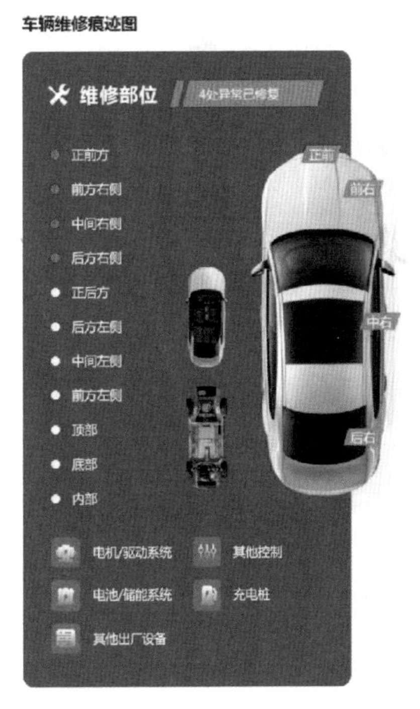

图 3　车辆出险事故部位记录

● 2023年4季度　≈102000元

事故类型	交通事故类
车损金额	≈102000元
案件状态	已结案
明细记录	25条

维修项目	维修方式	件数
右前大灯	更换	1
前保险杠外皮	更换	1
散热器右上导流板	更换	1
前保险杠骨架	更换	1
右前轮眉	更换	1
散热器框架下固定件	更换	1
外界温度传感器支架	更换	1
前保险杠下饰条	更换	1
前保险杠内衬	更换	1
散热器框架右前支架	更换	1
进气格栅内饰	更换	1
散热器框架前支架	更换	1
前保险杠通风格栅	更换	1
散热器上护板	更换	1
前保险杠下护板	更换	1
进气格栅	更换	1
前保险杠右饰条	更换	1
散热器右侧导流板	更换	1
前保险杠右轮眉	更换	1
前保险杠下饰板	更换	1
右前翼子板前内衬板	更换	1
钣金:右前翼子板	修理	1
喷漆:右前翼子板	修理	1
喷漆:前保险杠外皮	修理	1
拆装:拆装工时	修理	1

图 4　车辆大额维修内容

1 个月后，A 店将这台车零售给了客户 B。在客户 B 要求测算保险费时，店内二手车销售顾问发现这台车的保险费“异常高”，于是再次查询出险记录，发现又“冒出”一起理赔金额高达 10 万元的事故记录（图 4）。这起事故是去年年底才发生的，因此当初做收购检测时在系统中是查不到的。

为避免风险，A 店找来第三方检测机构，再次检测发现这台车还存在左前照灯更换、左前纵梁变形修复等严重问题，属于 R 级事故车（图 5）。随后，A 店又委托多方进行检测核验，确认了上述问题。

二手车评估师回忆，收购检测时发现这台车有右侧事故后，对照出险记录重点检查了车身右侧，但也没有忽视车身左侧，当时确认左侧翼子板等部件的漆面厚度正常，还特意看了左前照灯的出厂日期是 2020 年 7 月，与整车生产时间（2020 年 10 月）吻合，此外，左右前纵梁也检查过，没觉得有问题，毕竟更换过水箱框架，前纵梁有一些“剐蹭”痕迹是合理性的。

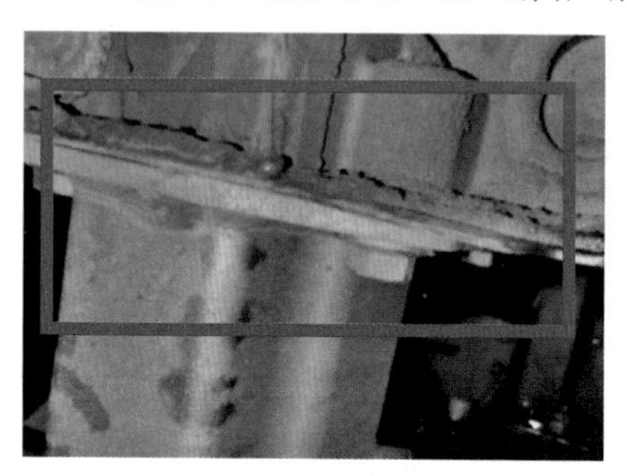

图 5　车辆左前纵梁修复痕迹

最终，经过专业分析判断，确认这台车做过“精修”：左前照灯是同年份“拆车件”，左前纵梁的梁头部分做过切割更换，将原有的“密封胶条”覆盖在了修复痕迹上，不仔细拆检根本无法发现。

由于这台车的车况评级由 C 级下降到 R 级，零售价格预计不高于 19 万元，批发价格预计不高于 17 万元，都低于 21.5 万元的收购价，无论如何处置都会亏损。

案例处置过程和结果

1. A 店向长期合作的车商询价，只有一家出价 18 万元，其余车商明确拒绝收购。

2. A 店将这台车的信息上传多个拍卖平台，包括事故车拍卖平台，对车况进行了翔实描述，最高出价 18.2 万元。

3. 二手车经理通过私人关系全国询价，最终找到一家异地二手车商，以 18.5 万元成交，对方承担过户、运输等费用。

4. 这台车总计损失 3 万元，属于重大工作失误，店总做出处罚决定，扣罚二手车部门 30% 奖金，另外罚款 9000 元。

胖哥实战分析

1. A 店二手车评估师存在专业技能和实战经验不足的问题，而原车主 W 先生存在“故意隐瞒”车况的问题。店端要核查合同和收购沟通中的文字记录，一方面确认二手车评估师是否问询过事故相关问题，另一方面尽可能收集

W 先生“故意隐瞒”车况的证据。

2. 针对高风险的大事故车，不建议做零售处理，以免损失升级。

3. 针对第三方检测、维保和出险记录的数据和标准，公司内部应当组织梳理业务流程和培训学习，加强员工实战技能。以案例车为例，收购付款前应当查询测算保险费用，与当时的出险记录和维保记录进行比对，同时重点分析出险记录中的“异常项目”，关注未结案、断续保等问题。

4. 企业应当组织二手车评估师到事故车维修厂、拆车件供应商处学习交流，邀请精修师傅到店培训，丰富二手车评估师的实战经验。

5. 企业应当采购必要的专业检测设备，比如卡尔拉德车身动态偏差检测仪、专用举升机和内窥镜等，强制要求所有收购项目签约前进行上架复检。

更优处置建议

1. 对于原车主 W 先生，必须追究责任并要求赔偿。先电话、微信沟通，明确告知违约责任，如果不履约赔偿就会影响个人信用，出行、工作、贷款、子女上学都会受限。然后邀约来店，由店内法务或律师陪同二手车部门人员共同谈判。如果至此 W 先生仍然不愿配合赔偿，就正式走诉讼流程。

2. 给 W 先生两个解决方案：其一，全款退车不再追究责任且免于赔偿其他损失；其二，不退车但按合约要求赔偿店端损失 5 万元。多数人会选择第二个方案。

3. 像 W 先生这样的人很可能不愿直接赔偿 5 万元，因此可以采取“透明处置 + 补偿店内”的方式。与 W 先生约定，双方共同通过拍卖或其他渠道处置这台车，最终处置价与店端收购价的差价由 W 先生承担（即退给店端），店端再象征性收取一定的服务费和违约金。案例车的最终处置价按 18 万元计算，收购价 21.5 万元，W 先生须退给 A 店 3.5 万元，再补偿 A 店 5000 元。这样一来，A 店不亏损，W 先生也少赔了 1 万元。

4. 遇到像 W 先生这类故意给店端“下套”的“内行个人客户”，如果他始终对店端的沟通提议不理不睬甚至“人间蒸发”，可以通过申请资产保全的方式冻结他的售车款，迫使他配合解决问题。

举一反三思考

1. 同年份“拆车件”精修的维修步骤/流程是什么？如何从那些“心怀叵测”的客户的言谈举止中发现问题？

2. 如何在收购合同中约定客户“故意欺诈”行为的责任和违约成本？

3. 如何对“失误收购车辆”进行最低损失和最低风险处置？

第 2 章 维保记录手续类

案例 2.1

忽视“三者”事故，置换业务巨亏

图 1　案例车

车况速览

年款型号：2016 款 一汽奥迪 A6L TFSI 运动型（图 1）

生产日期：2016 年 9 月

登记日期：2016 年 11 月

行驶里程：9 万公里

车身 / 内饰颜色：黑 / 棕

使用性质：公司非营运

获得方式：购买

过户次数：0

案例来龙去脉

A店近期二手车置换任务的重点是协助新车销售部门清理“库存新车”。库存新车几乎每台都要亏损近10万元，因此店总要求二手车部门尽量拿下所有走置换业务的二手车，最好还能盈利，补偿新车销售损失。

某日，A店新车销售部门邀约老客户Z先生到店，用一台奥迪A6L置换库存新车。

二手车评估师对Z先生的车进行评估时发现，尽管这台车的出险记录显示车身前部有一次较严重的碰撞事故，而且修复项目很多，但实际车况并不是很差。Z先生也一再强调，那次事故就是轻微碰撞，理赔金额只有2000元，实际没有修那么多项目，就是4S店“多走保险多赚钱”（图2）。

此外，Z先生还说来店前已经询过价，二手车商的报价是17万元，其他4S店的报价是16万元，因为看中了A店的新车才来店里置换，也懒得再比价，最低15.5万元，行就成交，不行就换店。

对此，二手车经理十分为难，但为完成置换任务也必须“啃下”这块硬骨头。

维修项目（31条记录）	维修方式	件数
保险杠（前）	更换	1
叶子板（前左）	更换	1
中网	更换	1
雾灯护罩（前左）	更换	1
灯（前左雾灯）	更换	1
发动机盖锁	更换	1
发动机盖（头盖）	更换	1
发动机盖铰链（左）	更换	1
发动机盖铰链（右）	更换	1
灯（前右大灯）	更换	1
大灯喷嘴盖（左）	更换	1
冷凝器	更换	1
风扇护罩	更换	1
电子扇	更换	1
龙门架	更换	1
大梁头（前左）	更换	1
大灯喷嘴（前左）	更换	1
助力泵皮带轮	更换	1
变速箱机油冷却软管	更换	1
发电机皮带	更换	1
发电机皮带涨紧器	更换	1
空气格进气管	更换	1
保险杠通风网（前右）	更换	1
钣金拆装-发动机盖（头盖）	维修	1
钣金拆装-保险杠（前）	维修	1
钣金拆装-叶子板（前左）	维修	1
喷漆-叶子板（前左）	维修	1
喷漆-保险杠（前）	维修	1
钣金拆装-龙门架	维修	1
喷漆-发动机盖（头盖）	维修	1
外修 左前大灯	维修	1

图2 出险记录

案例处置过程和结果

1. 新车销售部门紧逼二手车部门尽快完成收购，二手车经理无奈与Z先生达成协议，以15万元收购了这台车。

2. 二手车经理在签约前了解了行情，正常情况下，这台车的零售价在17万~18万元，批发价不会低于15万元，几个长期合作的二手车商报价都在15.5万元左右，大概率不会亏损。

3. 这台车上平台拍卖后，最高出价只有13万元，远低于15.5万元的保留价，二手车经理认为有异常，于是与拍卖平台沟通，发现拍卖平台将这台车描述为“事故车”，严重影响了价值。

4. 拍卖平台评估师坚称这台车属于事故车，而且虽然出险理赔金额只有2000元（图3），但存在与另一台车的“三者赔付”，另一台车的出险理赔金额高达 6 万元，也就是说，这台车的实际事故修复费用是 6.2 万元。

5. 由于面临直接亏损 1.5 万元，二手车部门找到 Z 先生和新车销售部门协商，要求分担损失。Z 先生表示店端的亏损和自己没关系，收购旧车是签了协议的，没道理分担损失。新车销售部门表示不懂二手车，以为二手车部门了解“内情”并且知道如何处理，不想分担损失。

6. 协商失败后，二手车部门搜集了一些证据，包括通过保险公司渠道调取了这台车事故维修前的照片（图 4），希望本店法务部门支持起诉 Z 先生追偿损失，但法务部门表示即使胜诉执行难度也很大，并且律师费要 3 万元左右，得不偿失。

7. 最终，二手车部门自担 1.5 万元损失，店总按照管理规定，认定这次事故属于严重工作失误，按损失的 40% 对二手车部门进行罚款处理，二手车部门认为是为帮新车销售部门完成任务才导致这次事故，不应当只处罚他们，因此与新车销售部门产生了激烈矛盾，后续置换业务陷入困境。

2022年四季度

理赔记录1

损失金额: 约2000

案件状态: 已结案

损失部位 前部,右前,左前

维修项目（9条记录）	维修方式	件数
前保险杠皮	更换	1
前叶子板（左）	更换	1
前大灯（左）	更换	1
前大灯（右）	更换	1
前雾灯（右）	更换	1
前雾灯（左）	更换	1
散热器	更换	1
散热器风圈	更换	1
冷凝器	更换	1

图 3　车辆多项目低出险金额示意

图 4　车辆前部碰撞情况

胖哥实战分析

1. 复盘 A 店的业务流程，置换业务是新车销售部门先谈判，二手车部门跟进，留给二手车部门的真车实评时间很短，既要看车又要看手续，失误率肯定高。

2. 这种出险记录与实际车况有出入的车，真车实评时间应当不少于 40 分钟，必须有复检环节，最好有本店售后部门或第三方专业检测机构的“兜底”支持，再综合定价。A 店二手车部门人员在新车销售部门的压力下，放松了警惕，没有做深入分析，被原车主 Z 先生的描述

“带偏”了。

3. 根据案例车的出险记录看，既然换修“前嘴一大套”是实际存在的，就应当以一些关键检测点为抓手来判断实车状况，比如两侧前纵梁梁头和前照灯生产日期。A 店二手车评估师显然忽视了这些关键检测点，只进行了快速评估。

4. 案例车的追偿诉讼成本与亏损成本基本一致，属于进退两难的损失范围。

更优处置建议

1. 根据二手车收购协议内容和本店法务建议，向原车主 Z 先生发送“故意隐瞒重大事故导致收购方损失”追偿的律师函，合法合理施压，暂时不真正走诉讼流程。如果 Z 先生耍赖，可申请冻结对方的售车款 15 万元，预计申请冻结成本在 5000 元左右。

2. 冻结 15 万元 1 年产生的“资金成本”大概是 1 万元，因此要求 Z 先生退回 1 万元是相对合理且易于操作的。

3. 全网寻找瑕疵车最高出价买家，同时向合作拍卖平台施压，协商让渡部分拍卖佣金并加大拍卖支持力度，给予买家佣金补偿，预计处置价格加佣金补偿能达到 13.8 万元左右。

4. 预计最终调整收购成本 14 万元，冻结资产成本 5000 元，成本合计 14.5 万元，处置价格 13.8 万元，亏损 7000 元。

5. 以此为戒，优化置换业务流程，要求新车销售顾问按流程配合二手车部门，真车实评时间不低于 30 分钟，报价 15 分钟。新车试驾前，客户有置换需求，同步进行旧车评估，以节约时间，提高匹配效率。根据试驾前旧车评估介绍比例设置奖励机制。

6. 提高不诚信客户的欺瞒违约成本，在二手车收购和置换协议中，突出标示“客户故意隐瞒”相关追偿条款，并在签约前明确告知客户。对于一些高风险、高价值车，如果客户表现异常，宁可不收，绝不冒险。

7. 所有已收购车的报价记录都要存档，报价记录中必须包含定价依据和参考数据，建立定价责任机制，提升奖励和处罚力度。

8. 调整二手车部门和新车销售部门的绩效考核机制，针对置换业务，建议双方共担利润和亏损，这样有利于团结协作。

举一反三思考

1. 如果原车主Z先生说的是实话，即实际维修金额只有2000元，那么案例车的合理收购价是多少？

2. 遇到存在多方事故的车，通过什么渠道、怎样查询另一方事故车的理赔信息？

3. 案例车的实际维修金额是6.2万元，按照相关标准和行规，应当认定为事故车吗？

案例 2.2

全损记录延迟，车商压价不过户

图 1　案例车

车况速览

年款型号：2020 款　奔驰 GLC 260L 动感型（图 1）

生产日期：2020 年 8 月

登记日期：2020 年 11 月

行驶里程：9.3 万公里

车身 / 内饰颜色：黑 / 棕

使用性质：个人非营运

获得方式：购买

过户次数：0

案例来龙去脉

X先生到B店计划用一台奔驰GLC置换新车，自述用车爱惜、车况不错，知道正常行情价是24万元左右，由于着急置换新车，20万元左右就能接受。

店内二手车评估师属于售后转岗，技术类型人才，对这台车进行了全面评估，发现前保险杠、水箱框架、左前照灯、左前翼子板都有更换痕迹，初步判断发生过前向追尾事故，而且比较严重，查询核对出险记录确认与实际车况吻合，因此定为中等事故车。

二手车经理为保证盈利给出了低于正常行情价的19.6万元报价。X先生稍作犹豫接受了报价，在新车销售顾问的催促下，二手车经理与X先生签订了置换/收购合同。

由于这台车更换了水箱框架，属于车身骨架损伤，无法零售，于是采取批发方式处置。随后，B店将这台车以20.8万元的价格出售给二手车商A。过了3个月，当二手车商A准备零售时，发现这台车的出险记录中出现了“大额车损”的特别提示，而且是全损，理赔金额高达29.6万元，严重影响残值（图2~图4）。

正常情况下，这台车20.8万元收购，零售价可能超过22万元，有超过1万元利润，但出现全损情况，至多能卖到16万元，亏损超过4万元。

因此，二手车商A要求B店全款退车。由于B店将这台车批发给二手车商A时没有跟进过户，这台车仍然在其二手车经营公司名下，如果二手车商A拖延不过户，后期风险很高，B店面临的局面非常被动。

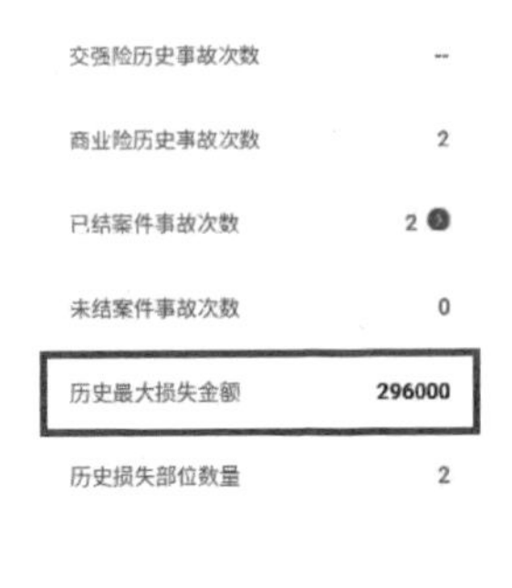

交强险历史事故次数	--
商业险历史事故次数	2
已结案件事故次数	2
未结案件事故次数	0
历史最大损失金额	296000
历史损失部位数量	2

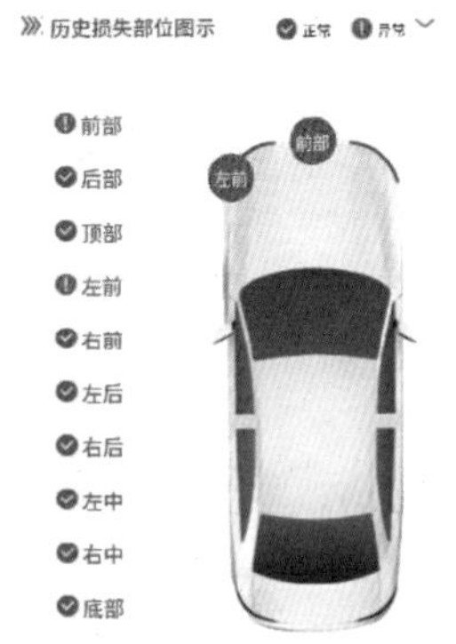

图2 车辆出险金额

图3 车辆全损记录

图 4　车辆全损情况照片

案例处置过程和结果

1. 二手车部门先与原车主 X 先生电话沟通，告知他存在故意隐瞒全损事故的情况，双方需要重新议价。X 先生表示车是在店端做过鉴定评估后才置换的，车也已经过户到店端名下，如今新车都已经开了 3 个月，不可能再议价。

2. 二手车部门又与二手车商 A 协商降价履约，二手车商 A 表示，目前最高收购价只能到 15 万元，店端要补偿 5.8 万元，而且怀疑店端当初处置时存在故意隐瞒信息的情况，如果不能照此解决，就要找集团上级协商。

3. 由于损失金额较大，店里也没有给出明确支持方案，二手车经理不想承担责任，先是拖延不作为，没过几天就辞职去了另一家店，导致集团财务和风控审核给予店端严重警告。

4. 集团将此事界定为管理失职，交由店总处置，店总也没有更好的办法，如果赔偿，店总和管理层就要“自掏腰包”。因此，店总也选择拖延不作为，导致这台车进一步贬值。

5. 最终，店总无奈强压售后部门配合二手车部门解决，与二手车商 A 协商以 14 万元回购，损失由两个部门每个月利润“隐藏弥补”，应付集团，掩盖问题。

胖哥实战分析

1. 针对案例车，完成收购前应当进行复检，要根据实际车况，结合出险和维保记录信息，明确事故时间点、损失程度和责任。原车主 X 先生显然存在故意隐瞒行为。

2. 大事故车，尤其是全损车、泡水车等，很可能存在原车主，以及维修厂、事故处置机构、保险公司的“内鬼”相互配合，延后上传事故信息或模糊描述事故情况等问题，这属于常见的高风险点。

3. 尽管“零整比”较高的品牌车型超额维修的情况并不少见，但针对案例车，根据车况以及出险和维保记录判断，实际上已经可以确定存在全损情况，显然是 B 店二手车评估师忽视了维修金额背后隐藏的全损风险。对于事故车，全损和非全损情况的残值有很大差异。

4. 案例车的实际处置价格是否真的只能到 14 万元？有没有可能是二手车商 A 故意压价？这要通过多渠道询价才能确认，绝不能只听一家之言。

更优处置建议

1. 通知二手车商 A 将案例车开回店，由店内专业维修技师和第三方检测机构评估师共同对车况进行复检和确认。

2. 如果店内管理流程没问题，确实是出险记录延迟导致二手车评估师判断失误，就属于技术能力不足的问题，对二手车部门的处罚要适度，不能重罚，并且要提前做好相关人员的思想工作，减少内部风险。

3. 很多 4S 店与合作二手车商签订的都是“买定离手”的不平等销售协议，像这种暗藏全损折旧情况，甚至还没过户的车，很难避免二手车商“翻脸”。4S 店想要处置好这类问题，根本上还是要有担当、敢负责。针对案例车，B 店在二手车商 A 面前明显理亏，应当尽可能与二手车商 A 协商一致，“共战”原车主 X 先生。

4. 通过拍卖平台和事故车专家，明确案例车的合理再售价格。实际上，正常行情是能达到 16 万元左右的，二手车商 A 给出的 15 万元明显偏低，要友好协商，争取减少损失。

5. 请专职律师或集团法务协助与 X 先生协商，要求其全款退车是最佳方式，如果对方依旧要赖甚至拒绝联系，就一步步按诉讼程序处置，先发送律师函，再走起诉流程。

6. 如果全款退车难执行，则需要店内提供车辆价值评估报告等公证文件，又会增加上万元诉讼成本。

7. 采取诉讼手段追偿损失的时间成本很高，而二手车商 A 拖延不过户会导致案例车不断贬值，为避免损失增加，应当先以公开拍卖方式取证，明确损失，然后起诉 X 先生，不能让案例车一直处于库存状态，即使这种方式会产生 1 万 ~2 万元律师费等成本，但正所谓两害相权取其轻。

举一反三思考

1. 置换、单独收购本品二手车或外部采购二手车时，应当如何管理初检、复检、记录、复查记录等流程，杜绝人员失误和信息延迟风险？

2. 批发二手车给车商时，如何约定“检测责任”和“买定离手”问题？如何杜绝二手车商拖延不过户风险？

3. 如何平衡二手车零售采购的风险和奖惩机制，让有能力的人做大做强，杜绝人才流失风险？

案例 2.3 百万路虎千元火烧，记录影响损失大

图 1　案例车

车况速览

年款型号：2020 款 路虎揽胜运动 HSE 型（图 1）

生产日期：2020 年 3 月　　登记日期：2020 年 7 月

行驶里程：8.7 万公里　　车身 / 内饰颜色：黑 / 米

使用性质：个人非营运　　获得方式：购买

过户次数：0

案例来龙去脉

H先生到L店计划用一台路虎揽胜运动版置换新车。由于这台车一直在店内做维保且记录齐全，评估过程很顺利，店内二手车评估师报价52万元左右。

H先生表示，之前有二手车商朋友报价在55万元以上，由于店内置换补贴要单算，不算补贴报价至少要54万元才考虑置换，否则就去其他店。为支持新车销售，二手车部门最终以53.5万元的价格与H先生达成意向协议。

一周后，H先生将车开到店里，二手车部门又进行了全面的车况复检和记录查询，结果发现这台车发生过火烧事故，二手车经理倍感意外，表示需要重新议价。

尽管这台车的火烧事故理赔金额只有5000元（图2），对这种百万豪车来说损失比例并不大，但依然会严重影响残值。

图2　车辆火烧出险记录

L店二手车部门将报价由原来的53.5万元下调到47.5万元，H先生表示无法接受。最终，H先生不仅没有在店内置换新车，还投诉到集团总部，导致店总和新车销售经理都被通报批评。

总部责令店内妥善处理，避免矛盾升级。不了解二手车业务的店总认为二手车部门要对这件事负主要责任。

案例处置过程和结果

1. L店通过保险公司核查这台车的火烧情况，确认是打火机在车内自燃导致主驾座椅和扶手处轻微受损（图3）。

2. L店将这个情况告知H先生，他表示认可。随后，L店向几家合作二手车商询价，最高报价48万元。本着保本原则，L 店报价 48 万元，H 先生不接受。

3. 不久后，H 先生告知 L 店，他已经将车以 50 万元出售给二手车商朋友，并且在其他店提了新车。

4. 新旧车全部战败，导致 L 店新车销售部门对二手车部门非常不满。

图 3　打火机掉落在座椅缝隙里极易引发火灾

胖哥实战分析

1. 试想，如果 L 店二手车评估师没有发现火烧事故，失误收购，损失必然不是几万元，如果收购后没有复检，二手车部门将车“马虎”零售，那结果大概率是“退一赔三”，损失百万元，二手车评估师、二手车经理恐怕都要“丢饭碗”，店总也难辞其咎。

2. 梳理案例过程可知，L 店二手车部门严格执行了评估检测流程，这是值得肯定的。但也存在两个问题：其一，流程存在隐患，很多店的二手车部门为了控制成本，初次评估时不会付费查询出险记录，通常是在评估定价后、签约付款前，再付费查询，如果出现意外情况，就很可能导致客户异议和投诉；其二，案例车的火烧部位是主驾座椅和扶手，相关部位外覆的真皮一定有修复痕迹，二手车评估师在检查内饰时显然忽视了这个细节。

3. 出险记录是存在“失误录入”可能性的，尤其是某些品牌、某些区域，发生的概率并不低，因此在查询到异常记录时，不要盲目相信，可以与保险公司沟通，了解具体出险情况，申请调整记录。

4. 针对案例车，有火烧记录肯定影响处置价格，但不要急于和车主“杀价”，要耐心和车主确认情况并讲明折价理由，只要车主认可事实，大多能接受调价。

5. 二手车部门一方面要稳住新车销售部门，说明情况，加强配合，不要“窝里斗”，另一方面要多渠道询价，不能只采信几家长期合作车商的报价，面对这种特殊车况，越是熟识的车商越会极力压价避免风险。

更优处置建议

1. 针对案例车的出险记录与保险查询平台沟通，确认5000元的火烧出险记录真实存在，不是“失误录入”，同时尽可能问清具体理赔内容，以便综合判断。

2. 与H先生沟通，注意不要用“质问”的口吻，要委婉客气地表达“整体车况较好，有火烧记录虽然损失不大，但肯定会折价”。这项沟通任务不要由二手车部门人员单独执行，最好有新车销售顾问配合。

3. 多方询价，不要简单告知车商有火烧记录，而要提供详细的火烧受损情况，用事实告诉车商虽然有记录但损失轻微。按正常行情看，合作车商给出的48万元报价明显偏低，合理售价应当在51万元左右。

4. 最好在有保证金的签约合作伙伴里寻找“下家”，先与“下家”达成协议，再与H先生沟通议价，避免“下家”违约。

5. 在与H先生沟通前，先与新车销售顾问协调好，打好“配合战”。与H先生沟通时，要充分结合出险记录和实物修复证据。这类客户大部分是“揣着明白装糊涂”，因此态度不要生硬，礼貌告知实情就好。

6. 最初报价53.5万元对应的是正常车况，议价时调整到50万元的“一口价”是相对合理的。这样有“下家”51万元托底收购，店端风险能降到最低。同时，还可以提供寄售方案，寄售价格53.5万元，店端收取2%佣金，让H先生自己做选择。

7. 为避免新车“飞单”，可以针对新车提供补偿方案，比如赠送2次常规保养。

8. 需要特别注意的是，案例车的收购和批发合同里都要备注有火烧记录，明确描述车况，杜绝“下家”再批发或再零售时转嫁风险。

举一反三思考

1. 这类“高风险”二手车批发给车商后，如果车商在零售时没有告知买家实际车况，店端是否还有连带责任？

2. 在现有经营模式下，很多4S店批发处置二手车时都会面临过户风险，二手车在4S店或关联企业名下，二手车商为避免二次纳税都拖延过户，等着直接过户给买家，这种情况下出现问题店端该怎样处理？

3. 针对出险记录“难看”的二手车，如何通过与保险公司沟通调整记录来减少折价损失？

案例 2.4 零记录精修大事故，低价诱惑多

图 1 案例车

车况速览

年款型号：2023 款 奥迪 A6L 45TFSI quattro 臻选动感型（图 1）

生产日期：2023 年 8 月	登记日期：2023 年 11 月
行驶里程：0.9 万公里	车身 / 内饰颜色：黑 / 黑
使用性质：个人非营运	获得方式：购买
过户次数：1 次	

案例来龙去脉

Y 先生到 B 店计划用一台奥迪 A6L 置换新车，他表示自己的车虽然是二手车，但里程很少，而且只有几处划痕喷漆，车况很好，来店前了解过行情价是 37 万元左右，而他觉得店里能给到 35 万元左右就行。

随后，店内二手车评估师对这台车进行了全面检测，发现前保险杠、左前翼子板、发动机舱盖的漆膜厚度都很高，大概率不是划痕补漆，判断发生过前向追尾事故，而车身其他部位基本没有损伤且都带车衣。整个检测评估过程中，Y 先生表现得比较急躁，一直在催促尽快报价。

二手车评估师根据车况给出了 33 万元左右的报价，Y 先生爽快地答应了。于是，评估师开始复检并查询了维保和出险记录，发现维保记录没有异常（图 2），但出险记录显示有一起事故处于未结案状态（图 3），由此判断这台车之前一定报过保险，而且商业保险处于脱保状态，一台里程很

图 2　车辆维保记录

图 3　车辆出险记录

少的“准新车”不买商业保险是很反常的。

评估师将这些情况告知了二手车经理，二手车经理接手继续检查，不仅确认了此前发现的漆膜厚度异常问题（图 4），还通过内窥镜发现前防撞梁两侧固定螺栓和水箱框架都有拆卸修复痕迹（图 5、图 6），安全气囊可能也弹出过。

随后，二手车经理将检测结果告知了 Y 先生，但 Y 先生不承认发生过严重事故，认为店端检测有误。二手车经理见状，先稳住了 Y 先生，然后通过保险公司的人脉获得了这台车的前任车主和事故定损员的联系方式，进而得到了事故照片（图 7）。

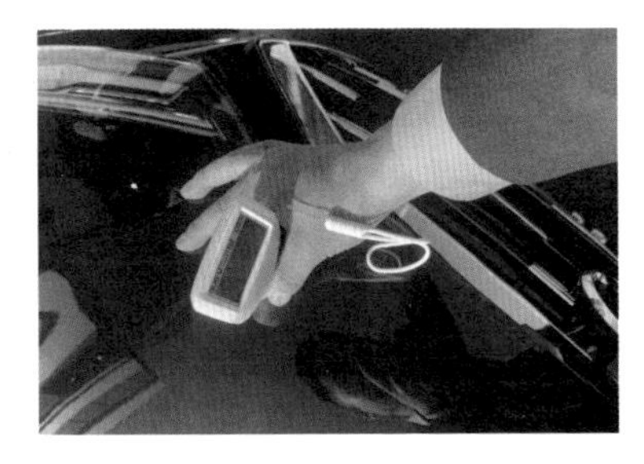
图 4　车辆发动机舱盖漆膜厚度异常

图 5　车辆前防撞梁固定螺栓拆卸痕迹

图 6　车辆水箱框架损伤修复痕迹

图 7　车辆事故照片

Y 先生看到照片后表示不可思议，以要询问保险公司为由，主动离店。

案例处置过程和结果

1. 几天后，新车销售顾问回访了 Y 先生，他表示已经在其他店置换了新车，旧车卖了 36 万元。

2. 新车销售部门认为是二手车部门故意压价旧车导致新车“飞单”，两个部门因此剑拔弩张，店总也质疑了二手车经理和评估师的工作能力。

胖哥实战分析

1. 二手车评估一定要秉持“事出蹊跷必有妖”的原则，不能忽视任何一个异常点，多打几个问号总没坏处，这么贵的车为什么只有交强险没有商业险？事故没结案的原因是什么？Y先生为什么急于交易？

2. 尽管二手车经理通过人脉关系找到事故照片是“躲过一劫”的关键，但也要注意，获得照片的渠道是否合法？是否需要获得相关权益人的授权？怎样确认事故照片里的车就是案例车？此外，为规避风险，绝不能把这些照片的底片或电子版提供给Y先生，也不能让他翻拍。

3. 遇到这种情况，不能“硬怼”客户，甚至明里暗里地认定客户是“骗子”，可以委婉地表示收购价会很低或无法收购，再提供一些对本店没有风险的处置方案，给客户留足面子，让他自己做选择。

更优处置建议

1. 二手车部门在掌握案例车的真实情况后，先告知新车销售顾问，内部协商好处置方案，再委婉地试探Y先生，问他是否曾经把车借给朋友，对出险情况不太了解，这样给他一个“台阶”下。

2. 明确告知Y先生，对于这类事故比较严重、记录存疑的车，店里通常不会直接收购，而是提供代拍卖服务，收取一定比例的佣金。这样一来，一方面给了Y先生选择空间，减少了对新车交易的影响，另一方面避免了直接揭穿Y先生的“小心思”，后续如果在拍卖平台上曝光了车况，也不会让Y先生埋怨店里。

3. 如果Y先生表示不想拍卖，可以再让价，希望店里尽快收购，就需要根据出险记录和实际车况，明确告知他故意隐瞒重大事故要承担的法律责任，向他合理施压，争取到一个合适的收购价。但是大部分情况下，这类客户不会继续要求店里收购，多会选择私人渠道“忽悠”出去，或挂在二手物品交易平台上出售。

4. 建议店端建立售后部门为二手车部门提供技术支持的机制，为二手车部门鉴定评估准备专属的举升设备、内窥镜和OBD检测仪等。像案例车的情况，如果只用漆膜仪和手电检测，经验不足的评估师就很可能“打眼”。如果用上OBD检测仪，安全气囊、车灯等部件的异常情况就很容易发现，即使没有出险记录，也能确认存在事故修复情况。

举一反三思考

1. 如果二手车收购协议里没有消费者“故意欺诈”导致店内损失的追偿条款，店端应当如何维权？

2. 针对这个案例，如果二手车经理没有保险公司的人脉，还能通过什么方式了解真实的出险情况？

3. 二手车评估师日常工作必备的专业检测设备和工具有哪些？

案例 2.5 累计大额维修贬值，店内售后矛盾

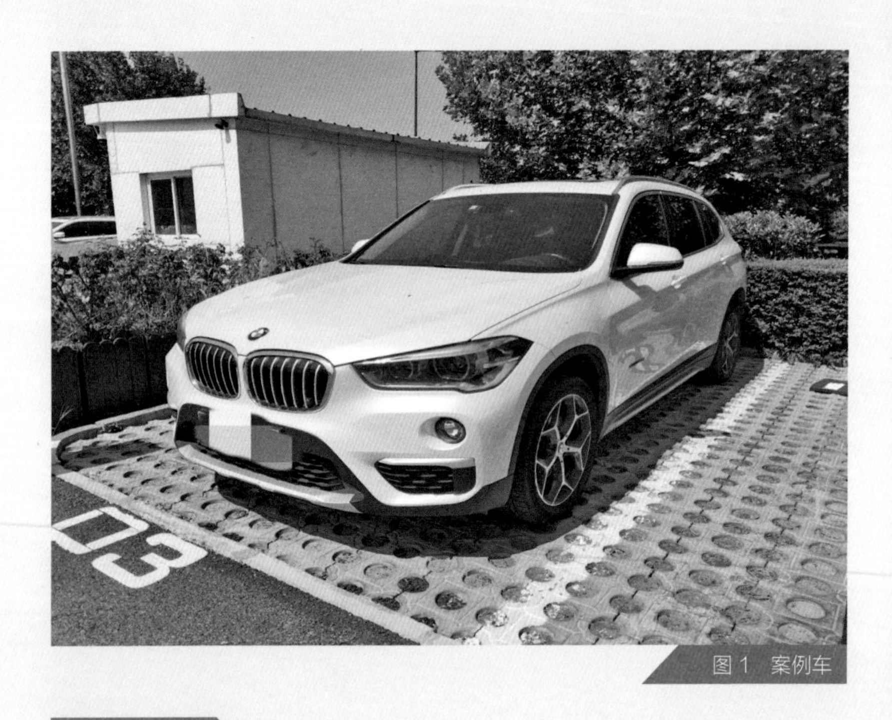

图 1　案例车

车况速览

年款型号：2018 款 宝马 X1 sDrive18Li 尊享型（图 1）

生产日期：2018 年 1 月	登记日期：2018 年 2 月
行驶里程：10.2 万公里	车身 / 内饰颜色：白 / 黑
使用性质：个人非营运	获得方式：购买
过户次数：0	

案例来龙去脉

H 女士到 B 店计划用一台宝马 X1 置换新车，店内二手车评估师对这台车进行了检测评估，发现车身有五面补漆和多处更换件，后围板有维修痕迹，查询店内维保记录有外板更换，查询出险记录有大额车损维修（图 2、图 3）。

报告导读　请关注红色标注项目

车信盟提示	
车辆维修痕迹	2处维修痕迹
车辆信息摘要	
车辆基本信息	
车辆配置信息	
保险事故基本信息	
保险事故明细	4次

车信盟提示　正常　异常

信息仅作参考，以实际车况为准。

结构性损伤记录　安全气囊记录　发动机记录

火烧记录　水淹记录　盗抢记录

维修项目	维修方式	件数
前保险杠下隔栅（中）	更换	1
前保险杠下隔栅（右）	更换	1
前保险杠内衬	更换	1
空气导管	更换	1
发动机罩标志	更换	1
前保险杠拆装(含附件)	修理	0
引擎盖(全喷)	修理	0
引擎盖拆装	修理	0
前保险杠(全喷)	修理	0
前保险杠修复(大)	修理	0
前保险杠内杠整形修复(中)	修理	0
引擎盖整形修复(大)	修理	0

● 2020年4季度　≈ 2000元

事故类型	交通事故类
车损金额	≈ 2000元
案件状态	已结案
事故时间	2020年4季度

维修明细表　2 条记录

维修项目	维修方式	件数
外尾灯（左）	更换	1
左后尾灯拆装	修理	0

● 2022年3季度　≈ 12000元

事故类型	交通事故类
车损金额	≈ 12000元
案件状态	已结案
事故时间	2022年3季度

涉三者车(本车)事故　已结案　共1条

● 2021年4季度　≈ 37000元

事故类型	其它交通事故
车损金额	≈ 37000元
案件状态	已结案
事故时间	2021年4季度

维修明细表　12 条记录

维修项目	维修方式	件数
举升门壳	更换	1
后保险杠皮（上）	更换	1
后保险杠皮（下）	更换	1
后保险杠导流板	更换	1
后保险杠下裙板	更换	1
后保险杠支架（左）	更换	1
后保险杠支架（右）	更换	1
后保险杠电眼	更换	2
后保险杠骨架	更换	1
行李箱后装饰板	更换	1
后保险杠牵引钩盖板	更换	1
后围板外板	更换	1

图 2　车辆出险大额维修项目记录

随后，二手车部门经过内部沟通认为，这台车的正常零售价应当在 10.5 万元左右，由于有大额车损，尽管“四梁六柱”没有损伤，但换过后围板，必然要折价，调整零售价应当在 8 万元左右，因此给 H 女士报价 7 万元比较合适。

H 女士听到报价和关于大额车损的解释后非常生气，认为当时出险在店里维修时，服务人员并没有告知她定损金额有这么高，很多维修项目她完全不知情，如今因为出险记录影响二手车价格让她不能接受，要向厂家投诉，店端必须给个说法。

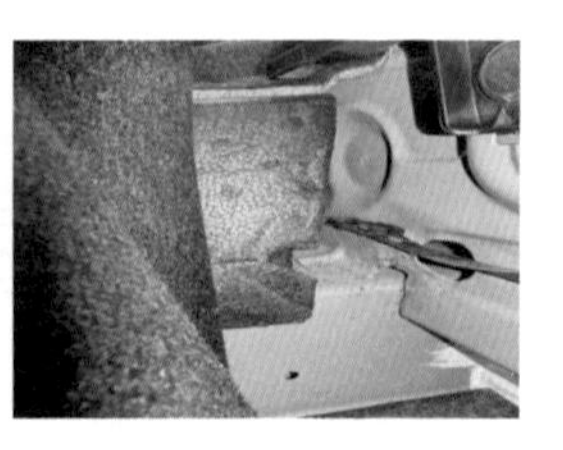

图 3　车辆事故维修部位

案例处置过程和结果

1. 二手车评估师与新车销售顾问配合安抚 H 女士，一方面通过展示事故照片和记录解释折价原因，另一方面介绍了有置换补贴政策可以平衡旧车折价。

2. 为避免员工经验不足导致节外生枝，二手车经理介入谈判，协调了售后部门和新车销售部门，提出旧车收购价 7.5 万元，本品置换补贴 1 万元，附赠新车全车玻璃贴膜的方案。

3. H 女士对旧车的事故维修问题依然耿耿于怀，经过反复协商，最终的解决方案是旧车收购价 7.6 万元，本品置换补贴 1 万元，附赠新车全车玻璃贴膜、地胶、脚垫以及隐形车衣。

4. 由于出险记录“难看”，外加新车降价幅度大，这台车的最终处置价只有 7.5 万元，远低于预期。同时，由于隐形车衣的 3000 元成本在内部沟通时没有明确分担方式，新车销售部门和售后部门都不愿承担，二手车部门独自承担，相当于部门总亏损达到 4000 元，再考虑新车销售部门置换奖金等额外成本，这台车累计亏损了 5000 元。

胖哥实战分析

1. 对于有大额车损的车，二手车评估师要确定事故维修是否涉及车身结构件和敏感件，以及车损维修金额在车辆残值中的占比，一车一况具体分析。特别是“零整比”较高的品牌车型，以及一些冷门进口车，可能由于残值较低，导致车损维修金额占比很大。针对这个案例，B 店二手车评估师的分析和判断都没有问题。

2. 案例车实际上有四次出险记录，更换过右后车门、行李舱盖、前后保险杠、散热格栅、后防撞梁、后围板等部件，其中，后防撞梁和后围板属于结构件或敏感件。根据新版二手车评估鉴定团体标准，后防撞梁和后围板切割属于结构性损伤，严重影响残值，零售风险很高，最好采取批发方式处置。

3. 对于有大额车损的车，本地长期合作“大车商”的报价参考价值不高，本地“小车商”或四线以下小城市车商的报价可以适当参考。无论找什么车商，一定要让对方承诺兜底收购，否则车“砸手里”就很难再处置。

4. 无论什么类型的二手车经销企业，都要注重渠道储备，多一个渠道就多一分保障，尤其是专门收购“老、旧、残、破、废”车的渠道，毕竟这类车在日常收购业务中占比并不小，找拍卖平台不一定靠谱，而且退车率和违约金都比较高。

更优处置建议

1. 明确案例车折价是本店售后部门“超额维修”所致，所幸 H 女士是在本店置换，如果到其他渠道，获知这种情况，轻则维权索赔，重则媒体曝光“退一赔三”。二手车部门要针对这个问题与售后部门沟通，并且告知店总，二手车部门可以“背锅”，但售后部门要“知恩图报”。

2. 核定稳妥的处置托底价格，按行情应当在 7.5 万元左右。同时，可以通过售后部门与保险公司协商，调整部分出险记录，减少影响。如果记录能调整，批发价预计最高可以做到 7.8 万元左右。

3. 针对案例车的“超额维修”，售后部门至少额外盈利了 2 万元，却导致残值折价至少 1 万元，因此要让售后部门拿出前面赚的“补窟窿”。

4. 对于 H 女士，要通过解释事故损伤影响、修复难度、配件品质和作业工艺等，让她认识到“维修合理且规范”，并不存在“超额维修”的问题。

5. 采取“价值心理补偿”策略，报价由 7 万元涨到 7.3 万元，1 万元置换补贴不变，附赠“账面价值”超过 1 万元的全车玻璃贴膜、全车车衣、保养套餐等服务项目，同时要求售后部门免去保养套餐的工时费，甚至倒贴一部分，毕竟“东窗事发”后风险最高的是售后部门。此外，新车销售部门可以再赠送“账面价值”300~500 元的新车精品，让 H 女士感觉店端已经“让到底”，而自己“赚到了”。

6. 完成收购后，处置给之前托底报价的合作车商，注意要求车商立即过户，避免拖延导致 H 女士反悔或再投诉，如此操作预计整体不会亏损。

举一反三思考

1. 目前二手车行业和保险行业对“大额车损”的认定标准分别是什么？

2. 新车销售顾问应当掌握哪些二手车定价的基本常识？

案例 2.6 零理赔精修事故车，风险大损失多

图 1 案例车

车况速览

年款型号：2018 款 奥迪 Q5L 40TFSI 荣享时尚型（图 1）

生产日期：2018 年 11 月

登记日期：2019 年 1 月

行驶里程：4.1 万公里

车身 / 内饰颜色：蓝 / 黑

使用性质：个人非营运

获得方式：购买

过户次数：3 次

案例来龙去脉

P 先生到 B 店计划用一台奥迪 Q5L 置换新车，他表示，这台车是他在 2021 年 6 月购买的二手车，当时购入价是 32 万元，使用过程中一直在 4S 店做维保，心理价位是 29 万元。

店内二手车评估师先查看了这台车的手续，发现有多次异地转手记录（同一年度过户 3 次），怀疑是外地流转事故车。随后进行了全面检测，发现两侧 A 柱覆盖面有金属腻子，仪表台与方向盘磨损程度不一致且有拆卸痕迹，初步判定属于重大事故车。

于是，评估师又查询了第三方记录，发现维保记录正常，虽然有出险记录，但理赔金额是零（图 2、图 3），随后询问 P 先生原因，P 先生表示这台车是从二手车商手里买的，对事故毫不知情。

评估师综合考虑后报价 24 万元,P 先生表示无法接受。新车销售顾问不想丢掉这单，找到二手车经理，一番“拉扯”后，这台车最终以 24.3 万元成交。

过了几天，B 店将这台车以 24 万元的价格批发给车商 C。车商 C 现场验车时没有发现问题，但随后请第三方检测机构复检时发现，这台车曾有重大事故，车况只能达到 R 级。于是，车商 C 要求 B 店全款退车。

选择	序号	维修类型	车牌号	底盘号	结算日期	行驶里程(万...	车型
	1	召回	湘	LFV3	2022-03-04 1...	4.1026	
	2	市场服务	湘	LFV3	2022-03-06 1...	4.1026	
	3	索赔	湘	LFV3	2021-12-01 1...	3.4360	
	4	市场服务	湘	LFV3	2021-12-01 1...	3.4360	
	5	保养	鄂	LFV3	2021-06-03 1...	1.8292	
	6	市场服务	鄂	LFV3	2021-06-03 0...	1.8292	
	7	首保	川	LFV3	2019-07-27 1...	0.8000	

图 2　车辆维保记录正常

图3　车辆出险记录正常

案例处置过程和结果

1. B店二手车部门表示，店里检测时已经确认这台车属于事故车，收购合同里有明确标注，批发给车商C时也明确告知了这个情况。

2. 车商C表示，B店二手车部门当时只是简单告知“有事故”，并没有说明具体情况，而且承诺日后发现是重大事故可以全款退车。

3. B店由于管理不规范，在批发这台车时没有与车商C签订正式合同，双方只有长期合作协议和保证金约定，而且交易过程中的沟通都是通过电话完成的，换言之，这台车的交易过程没有任何文字记录和证据。

4. 车商C在当地属于规模较大的知名商家，在自媒体平台有几十万粉丝，与B店的合作关系也不算紧密，因此扬言如果不能全款退车就在自媒体平台上曝光B店的不诚信行为。

5. 双方经过协商，B店最终以23.5万元回购了这台车，车商C承担了5000元的“打眼”责任损失。

6. B店二手车经理通过私人渠道以21万元的价格将这台车批发给另一

家车商，综合损失超过3万元。车商C不仅停止了与B店的合作，还在自媒体平台上猛烈抨击B店的“不诚信”行为，导致B店的声誉受到极大影响。

胖哥实战分析

1. 案例车之所以有大事故但出险理赔额是零，显然是因为没有走保险维修，而是私下做了事故精修，从车况看维修工艺较好，对损伤的“掩饰”效果非常有迷惑性。

2. 如果怀疑有重大事故，就要对A、B、C柱进行全面、仔细检查。打开四个车门，逐一检查A、B、C柱以及两两之间的连接部位，如果有损伤和修复痕迹，特别是“粗糙感”比较强的情况，那么存在重大事故维修的概率就很高，通常是发生过“侧翻”或“侧面严重撞击”事故。这类大事故车的残值只有正常行情价的40%甚至更低。此外，还要注意判别是“外罩”的修复还是“伤筋动骨”的修复，不能一概而论。

3. 对于发动机舱内的车架部分，一般采取“螺栓位置法”来判断是否有损伤修复（图4）：以车身左右两侧前端至A柱下方防火墙为界，一般两侧各有4颗螺栓，根据螺栓规格的一致性、拧紧标记的位置，就可以判断和分析损伤修复情况。此外，还可以结合螺栓附近金属部件的结构和漆面情况进行综合分析。事故精修车有时会采取“衬垫”套修方式，可以从底盘方向或反向位置观察判断。

图4 车辆发动机舱内判断损伤修复情况的点位

4. 针对案例车，虽然出险记录显示只有车身前部损伤，但不能忽视对车身后部的检查：后保险杠、尾灯等部件有换修对残值影响不大；后底板有损伤，一般是每损伤 400 平方厘米折价 5%；后纵梁和后悬架有损伤（包括更换后风窗玻璃），折价 20% ~30%；C 柱有损伤，按大事故处理。

5. 发动机舱盖、行李舱盖、四个车门、前后保险杠、前后两侧翼子板等覆盖件，修复后对残值的影响一般不超过 5%，更换原厂件对残值基本没有影响。

6. 对于这类有多次异地过户记录，而维保和出险记录却过于“完美”的车，二手车评估师必须以“怀疑一切”的态度一查到底，从流程管理上要设置交叉检测环节，不能有半点侥幸心理。

7. 对于这类事故车，除了在收购协议中明确“原车主欺诈行为”导致损失的追偿条款外，建议约定过户前先支付 70% ~80% 车款，尾款在过户并确认没有任何问题后再支付。

8. 即便各方都确认是大事故车，但对于是否“伤筋动骨”，以及第三方检测机构所定的 R 级车况是否合理，B 店还应当做进一步核验。

9. 对于这类事故车，在收购、批发、回购环节都应当多渠道比价，二手车经理不能搞“一言堂”。

更优处置建议

车商 C 存在评估失误，确实应当承担一定损失。同时，B 店应当搜集证据向原车主 P 先生发起追偿，他对重大事故完全不知情的可能性很低，大概率有欺瞒意图。在处置案例车时，通过拍卖平台和多车商询价，预计车价能做到 21.8 万元，相比二手车经理走私人渠道处置，能减少 8000 元损失。

举一反三思考

如何设置业务流程并综合运用检测设备和工具来判断事故车损伤情况?

案例 2.7

大事故小金额，一不小心就“背锅”

图 1　案例车

车况速览

年款型号：2012 款 斯柯达昊锐 1.8T 自动贵雅型（图 1）

生产日期：2012 年 3 月

登记日期：2012 年 8 月

行驶里程：17 万公里

车身 / 内饰颜色：红 / 白

使用性质：个人非营运

获得方式：购买

过户次数：0

案例来龙去脉

L 女士到 H 店计划用一台斯柯达昊锐置换新车，她表示这台车车况不错，只出过一次小事故，走保险维修花了 1 万多元，来店前在车商处询过价，报价在 3.5 万 ~4 万元，想看看店里能给到多少再决定是否置换。新车销售顾问急于促交，催着店内二手车评估师尽快评估报价。

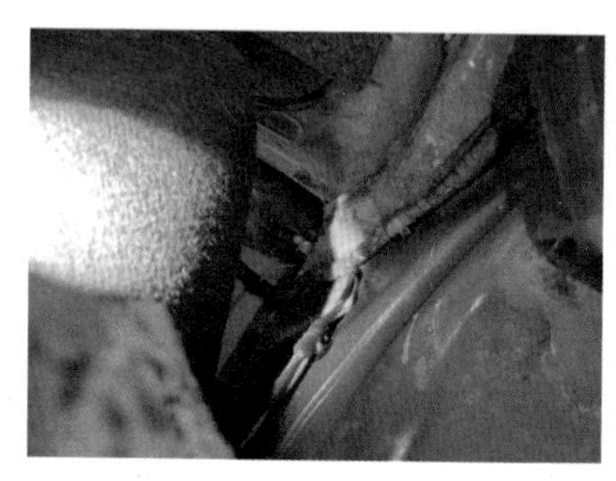

图 2　车辆检测问题点

二手车评估师没有轻信 L 女士的描述，按照标准流程对这台车进行了全面检测，结果发现实际车况与 L 女士的描述偏差很大：全车做漆；车顶有钣金且腻子已经开始脱落，显然发生过严重事故；进一步上架检测，发现左侧 C 柱有明显切割痕迹，左后翼子板有大面积切割痕迹，左侧两车门更换，主驾安全带更换（图 2）。综合判断，这台车属于有重大结构性损伤的大事故车。

评估师根据上述分析向 L 女士报价 8000 元，L 女士非常不满，表示车顶事故只是被大车掉落的轮胎砸了一下，从维修费上就能看出不算严重，如果给不到 2 万元就放弃置换。新车销售顾问生怕“飞单”，抱怨评估师业务水平不行，要求新车销售经理向二手车部门施压。

案例处置过程和结果

1. 二手车经理经验相对丰富，稳住了 L 女士和新车销售顾问，表示可以进一步商量。

2. 二手车经理引导 L 女士打开二手车之家等二手车交易门户网站，搜索了相近里程的同年款斯柯达昊锐，显示正常车况报价在 2 万元左右（图 3），据此向 L 女士解释：2 万元左右只是标价，还不是实际成交价，在车商有利可图的情况下，实际成交价应当在 1.7 万元左右；L 女士这台车之所以报价还要低一些，主要源于两点，其一是车身颜色相对稀有，对大多数民用车来说，稀有色的贬值幅度通常大于黑色、白色等大众色，其二是有 1 万多元的事故维修，而且涉及结构损伤，按行业标准，一般要相对正常车况折价 5000 元以上。

图 3　网络平台正常车况零售标价

3. L 女士对二手车经理的解释并不认同，坚称自己的车没有严重事故，能接受的最低价是 1.5 万元。二手车经理坚持最高出价 9000 元，双方不欢而散。

4. 新车销售顾问后来得知 L 女士在其他店进行了置换，旧车卖了 1.2 万元，因此对二手车部门强烈不满。

胖哥实战分析

1. 4S 店二手车部门的主要职责是提供“服务配套”，只要保障基础利润甚至不亏本就行，因此可以给客户看所有二手车“比价”记录，包括二手车商报价、拍卖平台报价等，全透明交流，避免客户误解。

2. 二手车部门业务人员应当扎实掌握目前国内二手车行业国标、团标中针对事故车的鉴定标准，像案例车的车顶钣金、C 柱切割和主驾安全带更换等维修项目，都涉及结构性损伤，对残值影响非常大。针对这些知识点，二手车部门最好能给新车销售等部门做转训，加强内部信息共享和问题沟通，面对业务难题时一致对外。

3. 二手车部门业务人员在与客户或新车销售顾问沟通时，要学会用

“外行话”讲“内行事”，尽量引导对方换位思考，比如涉及“四梁六柱”损伤的严重事故，必然会极大影响车辆的安全性，潜在买家对这种有严重安全隐患的车肯定会有更多顾虑，出价必然远低于正常车况的车。

4. 针对很多客户用“外报价”压价的情况，首先，要讲清报价与成交价之间的差异，各路车商或网络平台的报价大多是只考虑市场“大行情”而不看实车的“虚报”，到实车检验交易环节肯定要“大杀价”；其次，要讲清 4S 店渠道与车商或网络平台渠道的差异，在 4S 店置换能享受置换补贴、新车优惠 / 赠品、一站式服务等，叠加这些增值项后，卖旧车得到的“实际利益”其实是超过市场行情的。

更优处置建议

1. 女性客户往往更加“感性”，可以尝试用更“感性”的方式引导 L 女士：案例车存在严重安全隐患，继续开要面临很高的安全风险，生命的价值远高于车的当前价值，站在确保生命安全的角度应当尽快出手；按店里现在的报价，其实与所谓“市场价”相差不过几千元，继续持有它付出的成本，以及日后在其他渠道交易付出的相关成本加在一起可能都不止这些钱，况且这类车多持有一天都可能会进一步贬值。

2. 梳理 L 女士的言行，其实可以判断她还是急于出手的，如果二手车部门能与新车销售部门和售后部门充分协调，适当配套一些优惠或补贴，比如新车保养套餐、精品礼包、贷款贴息等，L 女士大概率可以接受 1 万元的报价。二手车部门日后即使“平价”处置案例车，至少也促成了新车交易，对店端整体效益还是有贡献的。

举一反三思考

1. 针对案例车，为什么车顶、C 柱、后翼子板都有严重损伤，出险理赔金额却只有 1 万多元？这种情况合理吗？

2. 出险记录中的“大事故小金额”和“小事故大金额”情况，背后暗藏着什么不可告人的目的？

3. 如何避免急于促交的“二手车小白”新车销售顾问给二手车部门“挖坑”？

案例 2.8 多次出险记录差，按照事故算折价

图 1　案例车

车况速览

年款型号：2017 款 凯迪拉克 ATS-L 28 时尚型（图 1）

生产日期：2019 年 1 月

登记日期：2019 年 4 月

行驶里程：3 万公里

车身 / 内饰颜色：白 / 黑

使用性质：个人非营运

获得方式：购买

过户次数：0

案例来龙去脉

H 女士是 K 店的老客户，经售后服务顾问 C 推荐，准备将手里的凯迪拉克 ATS-L 出售给店里，暂时不置换新车。店内二手车评估师对这台车进行了检测，发现虽然外观良好且结构件正常，但出险记录显示有多处覆盖件和悬架组件更换，累计理赔金额达到 3 万元（图 2）。

考虑到多次出险且有悬架组件更换，评估师结合市场行情报价 8 万元左右，H 女士表示无法接受，她说当时出事故在店里维修时，本来不用换件，是在服务顾问 C 的再三劝说下才换的，没想到会严重影响残值，要向集团投诉。

受“牵连”的服务顾问 C 对二手车部门非常不满，认为自己好心推荐车源，二手车部门却“恩将仇报”。

车辆需检测情况	建议进一步检测

本车事故 已结案（共 3 条）

● 2020年4季度　≈7000元

事故类型	交通事故类
车损金额	≈7000元
案件状态	已结案
明细记录	7条

维修项目	维修方式	件数
右后组合灯	更换	1
高位制动灯	更换	1
后保险杠拆装	修理	1
后保险杠喷漆	修理	1
右后翼子板喷漆	修理	1
右后组合灯拆装	修理	1
高位制动灯拆装	修理	1

● 2020年2季度　≈19000元

事故类型	交通事故类
车损金额	≈19000元

车辆基本信息

中文品牌	凯迪拉克
车辆型号	凯迪拉克 ATS-L 28T 2.0T 手自一体(8档) 时尚型 2016款
车架号	LSGAR**********20
车辆类型	轿车
出厂日期	
燃料类型	汽油
排放标准	GB18352.5-2013国V
整车重量(kg)	1600
排量(ml)	1998
核定载客	5
国产/进口	国产

图 2　车辆多次出险记录

维修项目	维修方式	件数
右下裙板	修理	1
右下裙板	修理	1
右前转向节	修理	1
右前翼子板	修理	1
右前翼子板	修理	1
右前悬挂后下控制臂	修理	1
右前悬挂前下控制臂	修理	1
右后叶子板	修理	1
右后叶子板	修理	1
右前车门	修理	1
右前车门	修理	1
施救费	修理	1

● **2022年1季度** **≈10000元**

事故类型 交通事故类
车损金额 ≈10000元
案件状态 已结案
明细记录 3条

维修项目	维修方式	件数
行李箱盖徽标	更换	1
后保险杠饰条（中）	更换	1
行李箱盖	更换	1

明细记录 1条

维修项目	维修方式	件数
后门壳（左）	更换	1

● **2021年2季度** **≈2000元**

事故类型 交通事故类
车损金额 ≈2000元
案件状态 已结案
明细记录 2条

维修项目	维修方式	件数
左侧车身框架外板	更换	0
左侧车身框架外板	更换	0

● **2022年1季度** **≈10000元**

事故类型 交通事故类
车损金额 ≈10000元
案件状态 已结案
明细记录 3条

维修项目	维修方式	件数
行李箱盖徽标	更换	1
后保险杠饰条（中）	更换	1
行李箱盖	更换	1

图 2　车辆多次出险记录（续）

案例处置过程和结果

1. 服务顾问 C 要求二手车部门按正常车况的市场行情价 10 万元收购，二手车经理坚决不同意，表示这台车是明显的瑕疵车，后期再售风险高，不可能按正常车况收，8 万元就是最高报价，毕竟真亏损了还要二手车部门自己承担，售后部门肯定不会承担。

2. H 女士最终以 9 万元的价格把车卖给了二手车商，并且向集团投诉了服务顾问 C。

3. 售后经理“护犊子”，找到店总反映这件事，说以后不会再给售后部门下达配合二手车的任务，相关的奖金和绩效也不要了。二手车经理回应说，本部门的工作没有任何问题，这件事就是售后部门“小病大修”埋下的隐患。由此导致二手车部门与售后部门矛盾加深，跨部门合作越来越困难。

胖哥实战分析

1. 二手车评估定价中，必须重视瑕疵车与事故车的界定标准，以及出险记录与实际维修情况的差别。如果确定是瑕疵车而不是事故车，就要结合出险记录和实际维修情况来考虑折价幅度，不能因为出险理赔金额高就简单判定大幅折价。

2. 针对案例车，虽然没有结构性损伤，但有多次换件，而且累计出险理赔金额较高，应当开展大范围、多渠道询价，不能只依靠几个长期合作的二手车商。通过拍卖平台的记录，可以从卖价角度反向分析，确定一个相对合理的收购价。

3. 面对这种高风险车，很多4S店的二手车部门要么是“赚不多，奖金少”，要么是“赔了钱，还罚款”，因此都有抵触情绪，宁可不做也不犯错。这是企业的业务绩效管理逻辑有缺陷导致的。

4. 案例车的最终成交价与店内报价相差1万元，价差相对较大，肯定会进一步加剧售后部门甚至新车销售部门对二手车部门的不理解和不信任，后续有置换或推荐车源“飞单”问题都会向二手车部门“甩锅”。

更优处置建议

1. 针对这类本店售后部门“小病大修”的车，二手车部门不要急于报价，要引导客户通过各种平台比价，逐步降低客户的心理预期，以免价差过大导致客户产生强烈的抵触情绪，同时给售后部门带来风险。

2. 根据实际车况以及维保和出险记录看，案例车的行情价应当在9万元左右，也就是说案例中最终的成交价是合理的，K店二手车部门的报价确实过于保守了，显然是没有充分进行多渠道比价。

3. K店应当优化二手车跨部门合作业务的奖惩机制，实现各部门的利益和风险共担，改变新车销售部门和售后部门拿“固定奖金”，而二手车部门拿“风险奖金”的不合理局面。

举一反三思考

1. 针对案例车，怎样解释更容易让客户接受售后部门“小病大修”的“合理性”？怎样解释更容易让客户认同店里给出的折价幅度？

2. 目前的国标、团标对事故车和瑕疵车的定义分别是什么？第三方检测公司对这类车又是如何界定的？

3. 如何真正化解二手车部门与其他部门的利益冲突？

案例 2.9

拍卖平台欠税车，查封责任要界定

图 1　案例车

车况速览

年款型号：2018 款 奔驰 GLA 200 1.6T 自动时尚型（图 1）

生产日期：2018 年 3 月　　登记日期：2018 年 7 月

行驶里程：5.6 万公里　　车身 / 内饰颜色：白 / 黑

使用性质：个人非营运　　获得方式：购买

过户次数：0

案例来龙去脉

B 店二手车部门进行本品采购时，在拍卖平台上看中一台奔驰 GLA，由于车况良好、手续齐全、价格合理（图 2），而且相关协议显示没有欠税、抵押查封等情况，店内迅速收购并过户到公司名下。

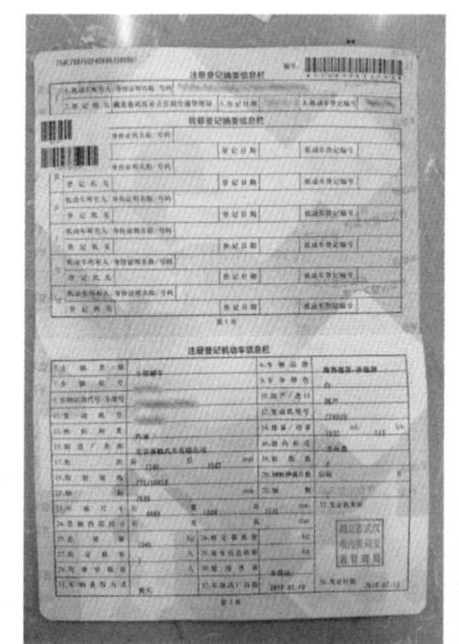
注册登记摘要信息栏

转移登记摘要信息栏

注册登记机动车信息栏

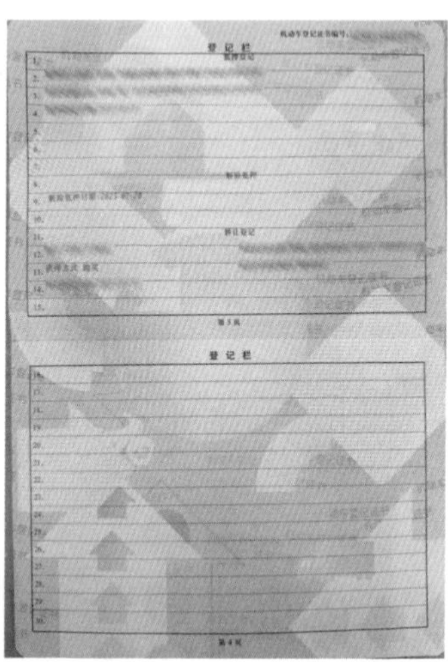
登记栏

登记栏

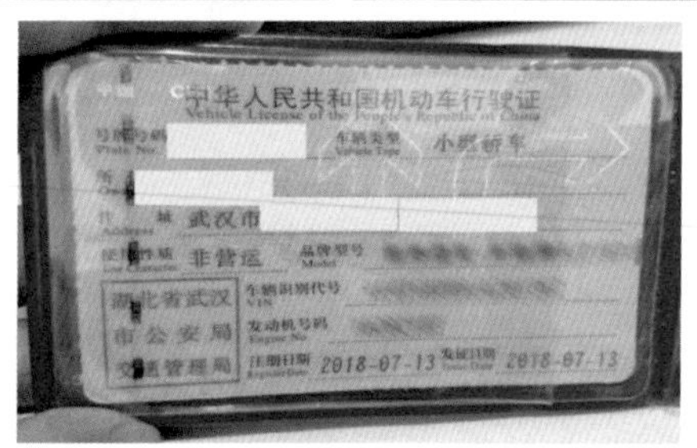
中华人民共和国机动车行驶证
Vehicle License of the People's Republic of China
号牌号码 Plate No.
车辆类型 Vehicle Type 小型轿车
所有人 Owner
住址 Address 武汉市
使用性质 Use Character 非营运
品牌型号 Model
车辆识别代号 VIN
发动机号码 Engine No.
注册日期 Register Date 2018-07-13
发证日期 Issue Date 2018-07-13
湖北省武汉市公安局交通管理局

图 2　车辆登记证和行驶本

B 店对这台车进行整备后出售给 H 先生，办理相关手续和过户流程都很顺利。

4 个月后，H 先生准备再次出售这台车，到车管部门办理过户手续时，却发现这台车处于欠税查封状态，车管部门当场进行了扣车处理。H 先生非常着急，致电 B 店询问原因。

B 店迅速派相关业务人员和法务人员到车管部门了解情况，得知这台车属于留学生海外自带车，根据出售时间应当补缴 1 万元购置税（图

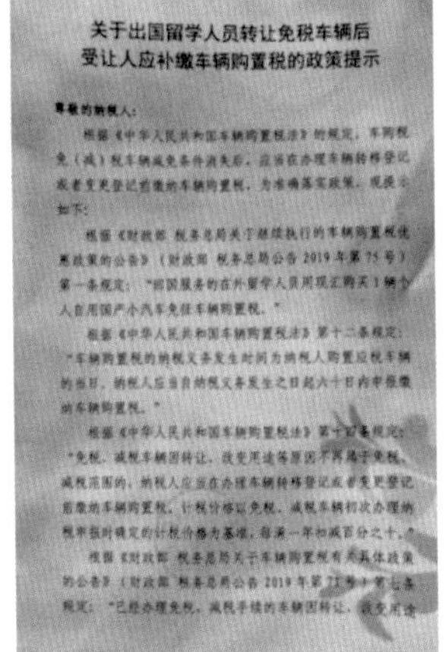

关于出国留学人员转让免税车辆后
受让人应补缴车辆购置税的政策提示

图 3　留学生免税车补缴政策

3，留学生、海归人士、使领馆自带和在国内购买车辆，可以减免购置税，但如果在监管期内出售，则必须补缴一定比例购置税）。

B 店法务人员与车管部门沟通后，最终确认这台车不存在“恶意偷逃税”问题，因此车管部门解除了查扣，但在补缴税款前依然处于查封状态，暂时不能交易过户（图 4）。

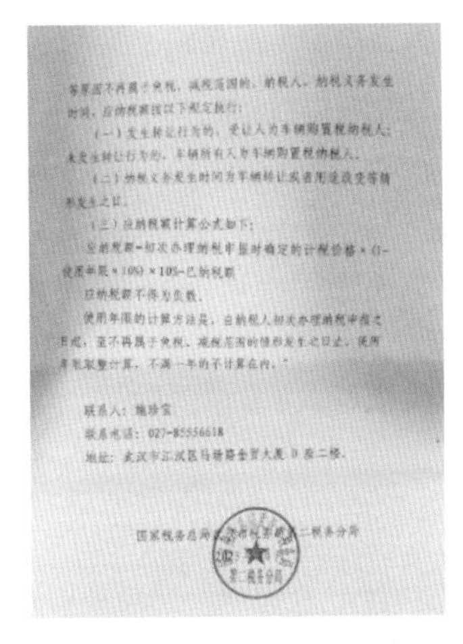

图 4　车辆补缴购置税通知

H 先生找律师朋友咨询后，要求 B 店全款退车，连带赔偿他的精神损失费、误工费等合计 2 万元，并且要向厂家投诉。

案例处置过程和结果

1. B 店二手车部门缺乏应对这类事件的经验，店总则担心有舆论风险，因此很快与 H 先生签订了和解协议，约定全款回购这台车，另外补偿 H 先生 1 万元。

2. 二手车部门随后联系拍卖平台处置，但平台表示原车主（指首任车主）不配合，只能补偿店里 3000 元违约金，希望 B 店自行处理这台车。

3. 这样一来，算上要补缴的 1 万元购置税，要补偿 H 先生的 1 万元，以及处置过程产生的折旧和误工成本，即使拍卖平台补偿 3000 元，B 店的损失也会超过 2 万元，因此这台车一直处于搁置状态。

4. 集团半年内审时发现了这台车的问题，要求 B 店在 15 天内处置完成，店内管理层和相关责任人都受到了处罚。

胖哥实战分析

1. 针对案例车，所有手续都没有显示存在税务问题，而且 B 店最初收购时办理过户手续的车管部门也没有系统记录（因为很多城市的车管系统和税务系统没有联通），这属于行政系统的内部问题，B 店在处置过程中不存在任何违规违法问题，更不存在故意欺诈问题。

2. 这类问题导致的投诉属于正常运营风险，店端要有担当，尽快给出处置方案，不能拖，否则小纠纷很容易升级成公关危机。

3. B 店是在拍卖平台采购的案例车，流程合法合规，相关证据充分，因此拍卖平台有责任协助 B 店处置这起纠纷。B 店应当主动联系平台和原车主协商补缴税款，分清责任和处置成本，同时明确本店员工没有工作失误。

更优处置建议

1. 鉴于继续拖延只会导致 H 先生更加不满，甚至引发公关危机，B 店应当立即与拍卖平台协商，先以共同“垫付”的方式赔偿 H 先生 1 万元损失，尽可能平息纠纷，再通过法律手段向原车主追偿。

2. 二手车部门要提前与 H 先生协商约定，承诺在其拿到 1 万元损失赔偿后的 1 个月内解决过户问题，同时提供“兜底”方案，即如果最终不能过户，则店里会按不低于 13 万元的市场行情价回购案例车，给 H 先生吃一颗“定心丸”。

3. 解决了与 H 先生的纠纷之后，B 店就要与拍卖平台合力“共战”原车主，双方律师同时向原车主发送律师函，告知其“故意隐瞒，涉嫌欺诈”，甚至申请财产冻结，充分向其施压。

4. 原车主面对如此局面，大概率会联系拍卖平台补缴税费并配合解除查封，案例车只要顺利过户，B 店就不会有大额损失。

举一反三思考

1. 针对这类特殊人群购买的“免税车”，如果正常手续看不到相关信息，还能通过什么渠道查询？如果卖家故意隐瞒“免税车”信息，如何在交易过程中规避相关风险？

2. 面对各地方政策差异、各行政部门信息不畅导致的“特殊情况”，如何与相关政府部门沟通解决？

3. 针对类似案例，店端法务部门和二手车部门如何协调挽回损失？

4. 店端管理者应当如何处理这类“非业务失误”公关危机？

案例
2.10

保险送修换件车，零售风险非常高

图 1 案例车

车况速览

年款型号：2019 款 玛莎拉蒂 Levante 3.0T 标准版（图 1）

生产日期：2020 年 7 月

登记日期：2021 年 2 月

行驶里程：3.2 万公里

车身 / 内饰颜色：灰 / 黑

使用性质：公司非营运

获得方式：购买

过户次数：0

案例来龙去脉

M店将店内的一台本品公务用车以50万元的价格卖给了二手车商A。评估交易中，车商A检查发现车况较好，维保记录基本正常，只有四个车门有“调整”记录，但不涉及钣喷和更换等问题（图2）。

M店售后部门表示，这台车基本没有实际出过事故（图3），只是有几次用来给店里的“质量问题车”和“配件问题车”走手续，比如同款车替换配件（由于部分品牌进口车型配件物流时间较长，维修店会“拆东车补西车”），实际车况很好，车商A属于是“捡漏”，这类车大多是按员工福利处置给内部人员。

车商A对这台车进行整备翻新后，又以54万元的价格零售给Z先生。由于当时保险还有3个月才到期，Z先生购买后没有急于续保。3个月后，当Z先生到保险公司续保时，得知这台车的四项主险和交强险合计费用要4万多元，远超同年款车2.4万元左右的合理费用（图4）。

于是，Z先生咨询了业内人士，并且付费查询了这台车的出险记录，发现有断缴保险和多次非正常出险情况（图5），正是这些因素导致保费畸高。

Z先生担心这台车出过大事故，找到车商A要求全款退车。车商A表示毫不知情，又找到M店，要求给出合理解释和妥善解决方案，如果最终认定是事故车，自己和店端肯定都要承担责任。

图2　车辆车门调整位置

2022年四季度

理赔记录1

损失金额:	约8000
案件状态:	已结案
损失部位	左后,底部

维修项目（7条记录）	维修方式	件数
喷漆:底大边（左）	维修	1
喷漆:后叶子板（左）	维修	1
低碳:后门壳（左）	维修	1
低碳:侧围外板总成（左）	维修	1
喷漆:左后门框排气	维修	1
拆装:后门壳（左）更换(含附件拆装)	维修	1
喷漆:后门壳（左）	维修	1

图3　车辆出险小额理赔项目

商业保险	24563	元
收起全部 ▲		
☑ 第三者责任险	1630	元
赔付额度：5万 10万 20万 50万 ●100万		
☑ 车辆损失险	10445	元
☑ 全车盗抢险	4237	元
☑ 玻璃单独破碎险	2295	元
国产玻璃 ●进口玻璃		
☑ 自燃损失险	1377	元
☑ 不计免赔特约险全	2415	元
☑ 无过责任险	326	元
☑ 车上人员责任险	50	元
☑ 车身划痕险	1100	元
赔付额度：2千 ●5千 1万 2万		
☑ 涉水险	688	元

图 4　玛莎拉蒂 Levante 正常保险费用计算

》车险历史

*若当前交强险或商业险未在保，但当前断缴时长不超过一个月时，不纳入断缴统计记录中。

交强险当前在保	是
交强险是否连续投保	否
交强险最长单次断缴时间	半年以上
商业险当前在保	是
商业险是否连续投保	否
商业险最长单次断缴时间	半年以上
车船税代缴情况	是

图 5　车辆保险记录断缴异常

案例处置过程和结果

1. M 店协调二手车部门、售后部门和资产处置部门核对了这台车的维修、保险和财务记录，发现某保险公司每年都会通过这台车集中“返利”，因此很多出险记录都是“做”出来的，实际并没有发生（随着保险行业越来越规范，这种情况会越来越少，但不能排除这种可能性）。

2. 经过售后部门核实，这台车拆换了 6 次车门（有事故原因也有为替换件）、两个车灯（为替换件），没有结构件和敏感件损伤，肯定不属于事故车。

3. 由于这台车属于“集团资产”，全款退车到店里操作流程长、耗时长，很可能导致 Z 先生进一步投诉和相关舆论风险，因此很难实现。

4. 车商 A 表示如果 Z 先生退车，自己损失巨大，希望 M 店给予一定补偿，而 M 店表示双方签订买卖合同时明确约定了“买定离手”，后续出问题店端不应当再承担责任。车商 A 又表示，M 店处置这台车时存在“故意隐瞒”车况的问题，如果坚持“买定离手”不给补偿，就要以 M 店涉嫌“骗保”为由投诉到保险监管部门。M 店怕事情闹大，只能与车商 A 继续沟通，协商共同承担损失。

5. 最终，Z 先生将这台车退给车商 A，后者再次零售，亏损了 4 万元，M 店通过特殊方式补偿了 2 万元给车商 A。

胖哥实战分析

1. 店内自用车，尤其是售后部门用来“换件”的车，大多是高端车、冷门车，这类车的维保和出险记录通常存在不少“瑕疵”，甚至有“张冠李戴”的情况，对外处置时自然有较高风险。

2. 二手车部门在处置这类车时，一定要提前与售后部门沟通，调出维保和出险记录，与实际维修和出险情况仔细比对，做到“去伪存真”且心里有数。尤其是“保险送修返利”情况，如果集中在某台车上，就要特别注意。

3. 这类车如果对外零售，保费通常会远超正常情况，很可能导致客户误解，进而引发纠纷，最好是内部处置，降低风险。

4. M 店售后部门显然是为了“卖高价”没有把真实情况告知二手车部门，尽管车商 A 收购案例车属于“同行批发”，不存在“退一赔三”风险，甚至不会有退车风险，但 Z 先生如果起诉车商 A，再有媒体跟进“刨根问底”，很多打“擦边球”的问题就可能被“揪”出来，导致极大舆论风险，必然是得不偿失。

更优处置建议

1. M 店应当与保险公司协商，按实际情况适当调整出险记录，除车门和车灯的拆换真实存在无法消除记录外，其余都可以调整，这样一来保费就有可能大幅下降。记录调整后，要及时告知车商 A 和 Z 先生相关情况。

2. 把车退回店里的可操作性确实很低，因此 M 店可采取平衡策略，给车商 A 出具实际车况证明，并自费提供第三方质量检测报告，证明案例车不是事故车，也没有质量问题，在让车商 A 有据可依的同时，也排除了 Z 先生的后顾之忧。

3. 为进一步化解 Z 先生的疑虑和不满，M 店可以在保费上给予他 8.5 折优惠，这样一来，每年保费大约只要 1.7 万元左右（具体操作方式可与保险公司协商）。同时，为安抚车商 A，可以批发另一台“特价处理车”作为补偿，以维护行业口碑和正常业务关系。

举一反三思考

1. 针对过水库存车、库存配件组装车、意外事件受损车等“特殊车”，如何消除外流风险？如何锁定特殊人群交易？

2. 很多维修店的内部用车都存在“替换件”和出险记录“虚虚实实”的情况，如何通过规范管理避免相关风险？

第3章 火烧水泡事故类

案例 3.1 泡水全损车，伪装卖高价

图 1　案例车

车况速览

年款型号：2018 款 沃尔沃 XC60 T5 四驱智逸版（图 1）

生产日期：2018 年 1 月	登记日期：2018 年 4 月
行驶里程：4.7 万公里	车身 / 内饰颜色：棕 / 黑（贴膜未备案）
使用性质：个人非营运	获得方式：购买
过户次数：2 次	

案例来龙去脉

A 女士到 B 店计划用一台沃尔沃 XC60 置换新车。新车谈判过程非常顺利，新车销售顾问觉得碰上了“好说话”的客户。

来到旧车检测评估环节，A 女士表示这台车的车况很好，没出过任何事故，而且贴了价值 1 万多元的高级彩色车衣，之前在其他店询过价，说能给到 17 万多元，如果 B 店报价相差不大，就决定在 B 店置换。

店内二手车评估师对这台车进行了初步检测。尽管由于有车衣无法用漆膜仪检测漆膜状况，但评估师凭借丰富的售后经验，通过其他检测关键点判断没有碰撞修复痕迹。在新车销售顾问的催促下，为节省成本和时间，评估师只查询了维保记录，没有付费查询出险记录和第三方记录，便给出了 17 万元左右的报价。

A 女士表示，最低能接受 17.5 万元，否则就不置换了。评估师犹豫片刻，认为 17.5 万元也可以。

然而，在签约前的复检环节，评估师付费查询出险记录后发现，这台车竟然有 9.9 万元的泡水全损记录（图 2），属于重大事故车。

随后，评估师找到 A 女士和新车销售顾问，表示由于有泡水全损事故，报价要降到 11.5 万元左右。

A 女士当场就急了，说 B 店没有信用，临到签约“大杀价”，要向厂家投诉。新车销售顾问也急了，抱怨评估师报价“太水”，质问他为什么第一次报价时没发现是泡水车。随后，新车销售顾问一边安抚 A 女士，一边向领导反映了情况。

图 2　车辆泡水全损事故记录

案例处置过程和结果

1. 在店总的要求下，二手车部门又对这台车进行了详细检测，确认有泡水痕迹，符合出险记录描述。

2. 新车销售顾问说在初次报价时告知了 A 女士，17 万元只是意向收购价，签约前还有复检，价格以合同为准，但 A 女士说不记得他说过这些话。

3. 二手车部门向多个车商询价，报价在 10 万 ~13 万元不等，车商都说必须看实车才能确认收购，有几个车商一听说有全损记录就直接拒绝收购。

4. 新车销售顾问和二手车评估师询问 A 女士是否对泡水事故知情，她表示自己买的是二手车，而且有很长一段时间借给朋友用，因此对泡水事故不知情。

5. B 店为息事宁人，与 A 女士达成协议，以 12.5 万元的价格收购了这台车，而且在新车价格上也做了让步。

6. 二手车部门担心有拖延过户风险，后续没有把这台车挂上拍卖平台，而是批发给了车商，最终成交价是 11.5 万元，亏损了 1 万元。新车销售顾问和二手车评估师都受到了处罚。

胖哥实战分析

1. 对于这类附加“女士用车”“低里程”“维保记录齐全”等标签、表面“光鲜”的车，评估过程中就很容易忽视潜在风险点。

2. 由于新车谈判顺利，新车销售顾问就觉得 A 女士“好说话”，放松了警惕，随后把这种情绪又“传染”给二手车评估师。二手车评估师在这种相对“融洽”的气氛下，为节省一点成本，就产生了投机心理，这是导致报价失误的根本原因。

3. 如今事故修复技术进步快，泡水车精修工艺越来越好，更换电气线缆的手段越来越专业，车身贴膜，内饰翻新，再配合“女士香水味”，迷惑性很强，稍不注意就会“上当”。案例车大概率经过了这类“精心伪装”。

4. A 女士说对泡水事故不知情，要么是“揣着明白装糊涂”，要么是之前买车时被车商蒙蔽。无论是哪个情况，店端只要心里有数就好，没必要挑明甚至“硬怼”，要学会给客户“留面子”“留台阶”，有利可图就往促交谈，风险太大就明确拒绝。

5. 对店端来说，新车销售业务与二手车业务是一体的，二手车部门有义务支援新车销售部门，但不能为了支援而亏损，否则就离关店不远了。两个部门应当充分沟通，共享业务信息和数据资料。针对案例车，两个部门要协力厘清一些问题：泡水事故是在A女士购买前还是购买后发生的？A女士购买后的续保情况和保费水平是否有异常？正常情况下，泡水全损车只能上交强险和商业三者险，其他险种是不能上的。两个部门完全可以综合这些信息，再通过与A女士的沟通来做出判断，A女士到底是“心里有鬼”还是“蒙在鼓里”。

更优处置建议

1. 新车销售部门和二手车部门协同安抚A女士，解释置换业务中的“预估价格”只是参考，有时效性和先决条件，最终还要以合同和实际车况为准。此外，建议店端针对这类业务场景制作“话术手册”并开展相关实战培训。

2. 综合多方信息判断泡水事故发生时间。如果发生在A女士购车前，店端可以建议她找上一任车主或车商维权索赔，减少损失；如果发生在A女士购车后，店端不要当面揭穿，只要“就坡下驴”，顺着A女士的意思说她可能确实不知情，然后就事论事，本着促成置换、降低风险的原则继续谈判。

3. 二手车部门人员要明确告知A女士交易风险，即使真按17.5万元收购，公司发现后也会用法律手段找A女士追偿，因为这属于“欺诈”行为，甚至还要额外索赔，得不偿失，但注意要“硬话软说”。

4. 如果A女士仍然愿意在店里购买新车，店端可以协助她用拍卖、寄售等方式，以相对高的价格处置，尽可能减少损失。为表诚意，可以免收佣金或服务费，甚至补贴过户费。如此操作，新旧车业务综合来看，店端至少不会亏损。

5. 店端要注意，在上述沟通协商过程中最好全程录音，留下双方签字认可的文字证据，避免A女士反悔投诉后，面对厂家或相关监管部门的质询时“有理说不清”。

6. 后续，店总应当就这件事召集新车销售部门和二手车部门，强调相互理解和配合的必要性，同时充分剖析案例的特殊性和风险点，作为典型案例编入内训资料。

举一反三思考

1. 精修的泡水全损车有哪些“暴露点”和“关键检测点”?
2. 不同程度的泡水事故会对二手车价值产生多大影响?
3. 精修的泡水全损车在使用过程中会有哪些安全风险?

案例 3.2

涉水换气囊，报价太保守

图 1 案例车

车况速览

年款型号：2019 款 广汽丰田凯美瑞 2.5HG 豪华型（图 1）

生产日期：2020 年 6 月　　登记日期：2020 年 10 月

行驶里程：3 万公里　　车身 / 内饰颜色：金 / 黑

使用性质：个人非营运　　获得方式：购买

过户次数：0

案例来龙去脉

W 女士到 B 店计划用一台丰田凯美瑞置换新车。店内二手车评估师对这台车进行了检测，发现车身外观良好，结构件没有损伤修复痕迹，但出险记录显示有 3.5 万元涉水事故理赔额，更换了安全带和安全气囊（图 2）。

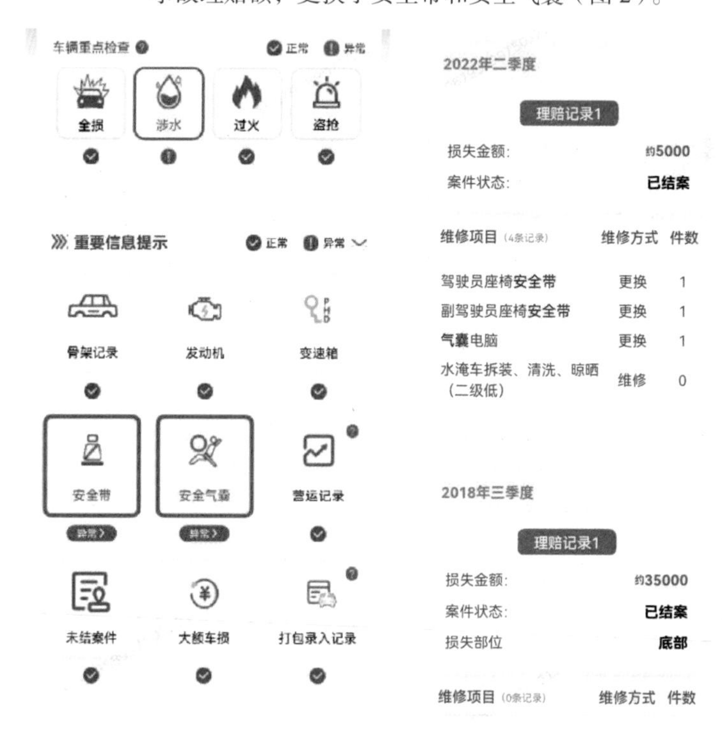

图 2　车辆涉水出险情况

评估师在咨询过几家车商后，报价 9 万元左右，W 女士认为太低了，无法接受。新车销售顾问也认为报价低，甚至当场建议 W 女士先把新车订下来，再通过其他渠道处置旧车。

W 女士当场打开一个二手车交易门户网站，说同年款相似车况的车标价都在 15 万元左右（图 3），自己的车当时只是地板进了一点水，是托修的那家 4S 店说厂家有维修标准，为确保安全才更换了安全气囊和安全带，实际上这些部件都没有问题，维保记录里写得很清楚，自己也留存了照片证据，就算有这个“瑕疵”，至少也能卖到 13 万元。

图 3　同年款车零售标价示意

评估师找来二手车经理参与议价，后者表示收购这台车存在较大风险，报价 9 万元已经不低了，店里最多只能保本。

案例处置过程和结果

1. 在新车销售顾问的不断施压下，二手车部门把报价提高了 5000 元，再加上 6000 元置换补贴，W 女士处置旧车共计能得到 10.1 万元。

2. W 女士依然认为报价太低，没有下订新车就离店了。

3. 三天后，新车销售顾问得知，W 女士以 12 万元的价格把这台车卖给了二手车商，又去竞品店置换了新车。至此，新旧车交易都战败了。

4. 新车销售顾问一气之下，把 W 女士的旧车成交记录、新车战败记录以及双方的聊天记录都提交给店总，“告状”说二手车部门报价不合理，谈判能力太差，严重影响了置换业务，要求店总“主持公道”。

5. 二手车经理回应说，本部门人员业务能力没有任何问题，流程操作也没有失误，涉水车是高风险车，绝不能按正常车况的行情价收，否则大概率要亏损，况且 W 女士说卖了 12 万元并不一定是实话，还有可能是二手车商没看出是涉水车。双方各执一词，店总也没有办法调和，导致后续置换业务很难开展。

胖哥实战分析

1. 泡水事故与涉水事故对二手车残值的影响大相径庭，前者的折价幅度要大得多。如果只是涉水，肯定不至于“腰斩折价”，要综合考虑理赔金额和维修部位来确定折价幅度。

2. 无论泡水车还是涉水车，都没有所谓的“标准价格计算公式”，必须通过大范围且可靠的比价才能定价。只向几家长期合作的本地二手车商询价，得到的报价大概率是偏低的。

3. 很多二手车经销企业，包括 4S 店的二手车部门，对这类事故车都存在“心理恐惧”，宁可主动战败也绝不冒险，毕竟赚得不多，稍有失误就会亏损，一有亏损就会挨罚。

4. 很多泡水车和涉水车，实际车况与维保和出险记录可能有很大偏差，“记录难看车况好”或“记录好看车况糟”的情况并不少见，因此一定要根据实际车况估价，上拍或向车商询价时，描述要尽可能准确地还原真实车况，不能简单交代有涉水或泡水，避免“高车低评”或“低车高评”。

5. 提供“丢车保帅”“明牌服务”等二手车专业服务选择，帮助客户多渠道公开询价，包括拍卖，收取一定比例的佣金，保证既不亏损也不影响新车销售，同时还能对长期合作的车商形成“鲶鱼效应”，促使他们的报价更合理。

6. 走拍卖渠道即使最终成交价不高，也能让新车销售顾问打消疑虑，相信二手车部门的业务能力。用好拍卖的“价格尺子”，是争取客户和新车销售部门信任的关键。

7. 加大店内二手车批发合作渠道的广度和差异度，本地和周边区域的车商，甚至全国专收瑕疵车、事故车的车商，都要储备 3 到 5 家，并按公司规则备案，建立保证金制度，杜绝层层“拼缝”导致报价不合理。

更优处置建议

针对案例车，更合理的处置方式是直接上拍，证明二手车部门报价合理，让 W 女士和新车销售顾问都“心服口服”。

举一反三思考

1. 案例车的涉水事故出险记录，前面显示理赔金额是5000元，后面显示理赔金额是3.5万元，怎样理解这个差异？

2. 当前的国标和团标对泡水车和涉水车分别有什么界定标准？

3. 如何从根本上消除新旧车部门“利益对立”情况？

案例 3.3 改装件拆分卖，车商违约雪上加霜

图 1　案例车

车况速览

年款型号：2020 款 保时捷 718 2.0T（图 1）

生产日期：2020 年 8 月

登记日期：2020 年 11 月

行驶里程：2 万公里

车身 / 内饰颜色：白 / 红

使用性质：个人非营运

获得方式：购买

过户次数：0

案例来龙去脉

Y 先生来到 B 店准备用一台保时捷 718 置换新车，他表示车况很好，附带的改装件价值 15 万元左右（图 2）。店内二手车评估师检测后认为车况确实不错，鉴于有合作车商 C 托底报价 50 万元，向 Y 先生报价带改装件 53 万元，不带改装件 48 万元，后者表示可以接受。

图 2　保时捷 718 常见改装件

由于 Y 先生订购的新车要一周后到店，双方先签订了置换协议，除了约定交付条件、车款、过户手续等常规项目外，还明确约定报价的有效期是 7 天。

签约后的第 6 天，Y 先生到店交付旧车。此时，车上的改装件已经被拆下，恢复了原厂状态，Y 先生表示拆下的改装件自己卖了 8 万元，要求 B 店履约按 48 万元收购。

B 店二手车部门第一时间向之前托底报价的车商 C 说明了情况，车商 C 得知不带改装件后当即“毁约”，说之前和店里约定的是带改装件收购价 50 万元，现在不带改装件了，收购价只能给到 45 万元。由于没有“书面证据”证明关于收购价的约定，二手车部门与车商 C 的谈判陷入僵局。

B 店新车销售部门要求二手车部门不能违约，说 Y 先生订购的新车已经到店，各种手续也办齐了，如果现在退车就会导致一系列难题。二手车部门面临着两难境地：如果按约定的 48 万元收购，就会产生至少 3 万元亏损；如果再议价或不收购，就可能导致 Y 先生投诉，同时引发内部矛盾。

案例处置过程和结果

1. 二手车部门又对这台车进行了全面检查，发现了一些“恢复原厂状态”作业导致的“小瑕疵”，于是就此与Y先生协商调价，双方最终约定收购价47万元。

2. 与Y先生达成协议后，二手车部门又与车商C沟通，建议双方各让一步，车商C“取中”按46.5万元收购。经过实车检验，车商C又找出一些瑕疵，双方最终约定收购价46万元。

3. 这台原本“利润丰厚”的车就这样亏损了至少1万元。店总定性是工作失误，扣罚了二手车部门的奖金，后者觉得很冤。

胖哥实战分析

1. 先看B店和Y先生的问题，双方既然“白纸黑字”签约了，不带改装件的收购价就是48万元，B店是基本没有“耍赖”余地的。退一步说，假设当初与Y先生只是“口头约定”收购价，违约也要承担很大风险，新车退订、客户投诉和内部矛盾都不是好处理的事。

2. 查询二手车交易平台信息可知，同年款相近里程的二手车，零售标价在52万~58万元之间（图3），成交价在45万~50万元之间。保时捷品牌车型的定制化配置多，即使同年款相近里程的车，配置差异也可能很大，“一车一况，一况一价”的特点非常鲜明。案例车车况好，但改装多，“两况”相抵，基于车商C的50万元“虚报价”考虑，B店二手车评估师报价48万元还是略高，2万元的“调整空间”并不算大。

图3 二手车交易平台零售标价

3. 二手车经销企业，包括4S店二手车部门，采购报价绝不能依赖车商，没有自主报价能力就会永远处于被动状态。

更优处置建议

1. 既然车商C“不讲武德”，就不要只围着他转，毕竟案例车的处置权还在店里，可以先进行“全国全网全平台”询价，寻找出价更高的买家。

对于刚入行的新手，经验不足就用最笨的办法，上二手车交易门户网站，找到类似车源里标价比较高的，直接给商家打电话，说我是××4S店的，有一台和你们挂售的车类似的车要处置，报价合适就批发给你们。这样多联系几个商家，大概率能找到相对理想的托底报价。

2. 同步上拍多个二手车拍卖平台，注意要详细描述真实车况，避免平台检测师“高车低评”。

3. 寻找车商和上拍的同时，告知车商C，给他最后一次报价机会，确定收购就“白纸黑字”签订协议。大多数“明事理”的车商这时都会“软一点”，说看车后可以再加点。

4. 综合各方信息，案例车当时的合理收购价最高能达到49万元。再考虑风险因素，最终成交价预计在48万~49万元，如此一来，B店不仅不会亏损，还能有1万~2万元的毛利。

5. 如果最终卖给外地商家，为确保安全顺利过户，一方面，要在交易前进行第三方检测，双方确认车况，写入合同；另一方面，要在合同中明确约定在本地过户外迁，不允许商家开到异地过户。

举一反三思考

1. 二手车经销企业如何建立专业报价体系？如何使业务人员具备自主报价能力？

2. 如何在二手车转手交易中避免“下家”违约？如何合理合法增加“下家”的违约成本？

3. 合法改装件与车拆分卖合理吗？“恢复原厂车况”的要求有哪些？拆卸改装件会不会影响正常性能？有改装的二手车贬值幅度一定比原厂状态二手车大吗？

案例 3.4 抵账二手车，泡水问题多

图 1 案例车

车况速览

年款型号：2021 款 东风日产楼兰 2.5L CVT 两驱 XE 精英版（图 1）

生产日期：2022 年 7 月	登记日期：2023 年 3 月
行驶里程：4 万公里	车身 / 内饰颜色：白 / 黑
使用性质：公司非营运	获得方式：购买
过户次数：1	

案例来龙去脉

S 先生在 B 店订购了一台新车，在新车销售顾问的建议下，他考虑同时将自己闲置的旧车卖给 B 店。在等待新车到店期间，新车销售顾问帮 S 先生预约了本店二手车评估师上门评估服务。

S 先生有两台闲置的旧车，一台是自己一直使用的本品车，车况正常且手续记录齐全，另一台是他生意上的合作方 L 公司为偿还账款抵给他的东风日产楼兰，登记时间只有一年，在 L 公司名下时一直挂靠租车公司用于租赁服务。

S 先生表示，作为多年的“老司机”，他觉得这台“抵账车”开起来没什么问题，只是车身和内饰都比较脏，浮土多，而且空调出风有异味，不过考虑到本地属于干旱少雨地区，也没太在意。

图 2　车辆出险记录

B 店二手车评估师仔细检查后，发现这台“抵账车”的发动机舱、驾驶舱地毯、座椅导轨、行李舱底板、燃油箱盖内侧、空调出风口等部位都有明显的泥沙残留痕迹，而且空调出风异味明显，因此初步判断这台车是泡水车。

尽管随后查询维保和出险记录都没有发现异常（图 2），但鉴于实车泡水特征明显，评估师坚定自己的判断，并耐心细致地向 S 先生解释了判断依据，表示无法收购。

案例处置过程和结果

1. S 先生认可 B 店二手车评估师的鉴定结果，计划把这台车返还给 L 公司。

2. B 店二手车部门帮助 S 先生找到第三方鉴定评估机构，出具了泡水鉴定报告。

3. S 先生希望 B 店再帮忙评估这台车的处置价格，B 店二手车部门委婉表示无法承担相关“法律责任”，而且国内目前也没有具有法律效力的评估标准，但可以采取拍卖方式获得“价值证据”。

4. 在 B 店二手车部门的帮助下，S 先生顺利通过拍卖获得了这台车的

“价值证据”，在集团和主机厂回访中都给予相关服务人员高度评价，B店二手车部门因此士气高涨。

胖哥实战分析

1. 由于大多数“抵账车”的现任车主对车的具体状况、使用经历等并不清楚，很可能被“上家”欺骗，二手车评估师一定要当着车主的面仔细查验车况和手续记录，对可能有挂靠租赁经历的车要慎之又慎。

2. 鉴定评估要坚持“现场检测为主，查询记录为辅”的原则。很多“抵账车”的维保和出险记录与实际车况偏差很大，现场检测时不能放过任何蛛丝马迹。

针对案例，B店后期跟进中从S先生处了解到，L公司当初并不是通过4S店渠道购买的案例车，因此不能排除新车在库存期间就已经泡水的情况，加之有一年的挂靠租赁期，案例车的具体泡水时间其实是很难确定的。

图3　发动机舱整体泡水状况（底盘视角）

3. 判断一台车是否有泡水事故，要从一个点到多个点综合观察分析，案例车的泡水痕迹还是比较明显的（图3~图7）。

图4　发动机舱泡水痕迹细节

4. 店端要针对不同客户的需求，加强上门鉴定评估服务。上门鉴定评估既有助于更确切地了解客户的用车场景和身份背景，也有助于提升客户满意度。很多二手车评估师认

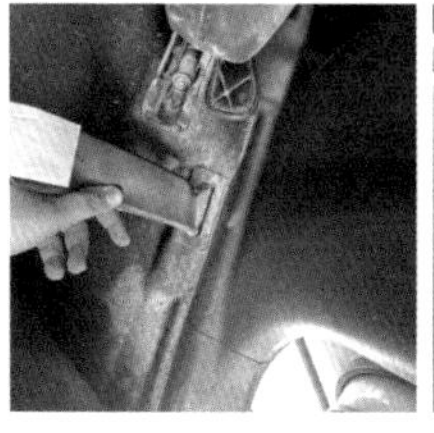
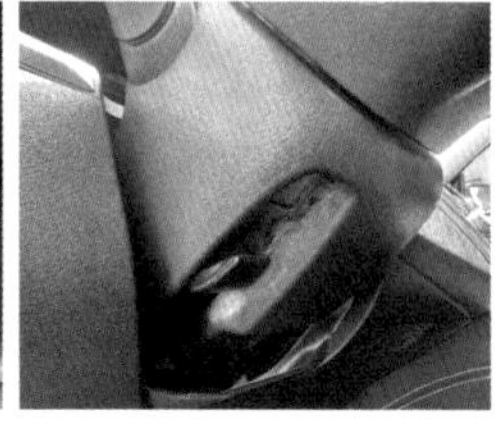

图5　地毯、座椅导轨和方向盘调节器残留泥沙

为“出外勤”是浪费时间，嫌报销油费和停车费麻烦，对上门鉴定评估业务比较抵触，如此日积月累就会错失很多良机。店端应当完善相关管理机制，一方面要精简员工“出外勤”的申请和报销流程，减少员工的流程顾虑，另一方面对参与“出外勤”并促进成交的员工要给予一定奖励。

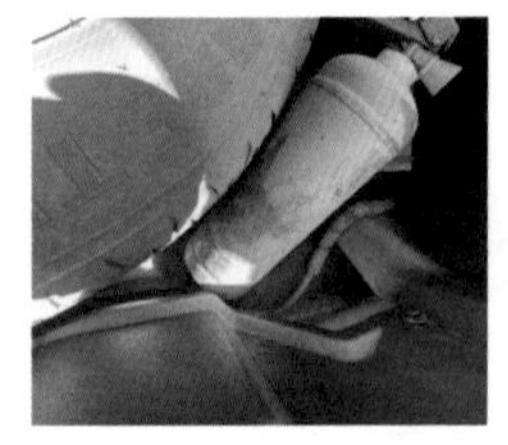

图 6　行李舱底板和燃油箱盖残留泥沙

5. 如果客户有进一步的车况鉴定和价值评估需求，店端二手车部门不要只看眼前利益，认为没成交就不必跟进，应当积极提供“免费咨询”服务，协助对接第三方鉴定评估机构、拍卖平台等，这类几乎没有成本的“贴心服务”，往往更容易“俘获”客户的心。

图 7　车身多处泡水残留泥沙

更优处置建议

案例车虽然有泡水事故，但车龄较短、车型畅销也是事实，B 店可以尝试接洽几家有租赁业务的二手车商，在 S 先生与 L 公司协商不成的情况下，积极帮助 S 先生实现合理价格出售。

举一反三思考

1. 现实中，很多新车销售顾问为了确保新车成交，避免置换业务中旧车评估环节可能带来的负面影响，往往会在客户下订新车后再介绍置换业务，这对二手车业务是利是弊?

2. 怎样把控“抵账车”在手续查验、合同签订、付款过户环节的风险?

3. 很多挂靠租赁的车，使用性质都是非营运，在评估定价时怎样准确判断?

案例
3.5
精修事故车，销售模糊卖

图 1 案例车

车况速览

年款型号：2018 款 保时捷 Macan 2.0T（图 1）

生产日期：2019 年 2 月

登记日期：2019 年 10 月

行驶里程：2 万公里

车身 / 内饰颜色：白 / 黑

使用性质：个人非营运

获得方式：购买

过户次数：0

案例来龙去脉

X 店准备通过置换收购一台保时捷 Macan。据原车主描述，这台车发生过后部追尾事故，因为 4S 店维修报价较高且无法走保险，所以选择在品牌专修店修复。

店内二手车评估师检测后发现，这台车的备胎槽、后围板严重变形，且没有进行切割修复，整体修复工艺一般（图 2）。经过一番协商，双方最终以 37.2 万元成交，低于市场行情价。评估师按要求对整个鉴定评估和议价签约过程进行了录音，原车主在维保和出险记录上签了字。

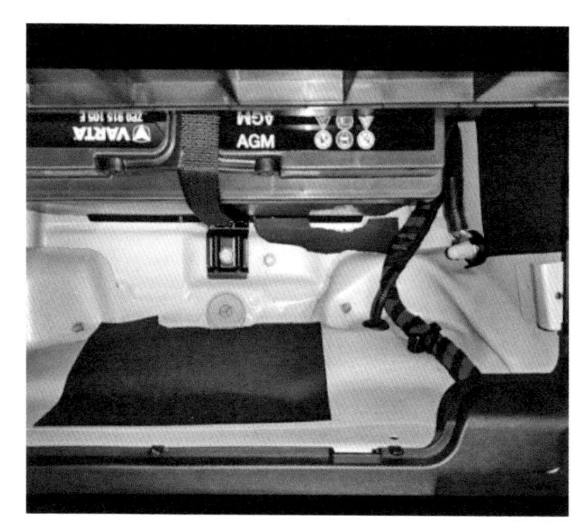

图 2　后围板严重变形

X 店对这台车进行了整备，在一个月后以 39 万元卖给了 M 先生。当事二手车销售顾问按要求对销售过程进行了录音，并对有 M 先生签字确认的文件进行了归档处理。

一年后，M 先生准备出售这台车，经过第三方检测机构检测，才发现这台车发生过严重的后部追尾事故（图 3），属于事故车，有大幅折价，于是找到 X 店索要赔偿。

然而，当事二手车销售顾问此时已经离职，他归档的 M 先生签字文件对车况描述得很模糊，销售过程录音尽管有销售顾问在车旁向 M 先生介绍车身受损情况的内容，但没有准确说明是后部追尾事故，也没有提及备胎槽和后围板没有修复的情况。

图 3　第三方检测报告

案例处置过程和结果

1. M 先生提出，X 店存在“故意隐瞒车况”的问题，这台车自己用了 1 年，行驶了 2 万公里，可以折价 2 万元，X 店应当以 37 万元回购，否则就找媒体和律师介入。

2. 店长为避免事态升级，与 M 先生协商先采取寄售方式，放在店里挂价 37 万元看能不能卖出去，如果半个月内卖不出去，再协商回购。M 先生态度有所缓和，接受了寄售方式。

3. 寄售期间，经验丰富的店长让“意向客户”不断给 M 先生打电话议价，一步步降低他的心理预期。最终，M 先生做出让步，X 店以 35.5 万元的价格回购了这台车。

胖哥实战分析

1. 收购瑕疵车和事故车时，二手车评估师一定要明确事故标准，要求客户在维保和出险记录上签字，留存事故照片，全程录音，尤其注意记录和录音内容要与实际损伤部位和程度匹配，避免“低车高评”或“高车低评”。

2. 销售瑕疵车和事故车时，一定要真实、准确地向买家描述车况，要求买家签字确认并全程录音。注意措辞一定要专业严谨，损伤部位和修复工艺都要准确无误，切割就是切割，整形就是整形，更换就是更换，不能有半点模糊。最好附带第三方检测机构的事故受损情况和级别认定文件。

3. 针对“非 4S 店维修”的事故车和瑕疵车，除严格查验 4S 店维保记录和出险记录外，建议增加第三方检测，避免被“精修伪装”蒙蔽。

4. 针对“大事故车”或“近似大事故车”，建议采取批发方式，尽量不零售。如果确实有很好的零售机会，最好采取“中介再零售”的方式。

5. 无论面对什么类型的客户异议和纠纷，都应当给“质量”和“价格”找到一个合适的“锚点”，围绕“锚点”去解决问题，不能完全依赖某个人的沟通能力。比如客户预期价位很高，就可以用二手车交易门户网站的标价作“锚点”，综合车况分析来一步步降低客户的预期。

更优处置建议

从店端的管理角度看，员工的在职培训、过程监督和离职审计都事关重大，尤其是二手车部门员工，离职前的“合同和关系”审核容不得半点马虎，对离职后可能出现的责任问题，要明确告知并约定配合方式。

举一反三思考

1. 二手车经销企业怎样通过建立一套自上而下的销售管理体系，来杜绝员工的道德风险？

2. 二手车价格谈判有什么简单高效的技巧和话术？

3. 鉴于目前国内的车辆维保和出险记录都存在“人为干预”的可能，怎样在二手车检测评估中去伪存真？

案例 3.6 大事故外修车，客户装傻致内斗

图 1　案例车

车况速览

年款型号：2016 款 奥迪 Q7 45TFSI 技术型（图 1）

生产日期：2016 年 2 月　　登记日期：2016 年 9 月

行驶里程：8 万公里　　车身 / 内饰颜色：黑 / 黑

使用性质：个人非营运　　获得方式：购买

过户次数：0

案例来龙去脉

W 女士到 A 店计划用一台奥迪 Q7 置换新车，店内二手车评估师对这台车进行了检测，发现车身覆盖件有钣金喷漆，查询维保记录显示正常，没有出险维修记录，但有 5.1 万元出险理赔额，并且更换了左前门、左后门和左后侧围（图 2~ 图 4）。

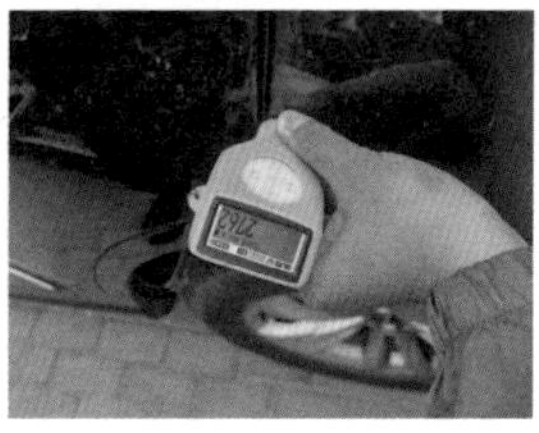

图 2　车身覆盖件正常与非正常漆膜厚度对比

历史记录

车主车辆信息　车牌号：　VIN：WAUAGC4M3GD049904　发动机号：

本地维修历史　OEM维修历史

搜索　重置

列筛选排序

操作	序号	工单号	车牌号	维修类型	进厂里程	开单日期	结算状态
维修明细	1	3-20230512098	[illegible]	小修	82233	2023-05-12 09:36:00	结清
维修明细	2	2-20230512097	[illegible]	保养	82233	2023-05-12 09:31:00	结清
维修明细	3	5-20230512096	[illegible]	市场服务	82233	2023-05-12 09:20:00	结清
维修明细	4	1-20190617173	[illegible]	索赔	47625	2019-06-17 14:55:00	结清
维修明细	5	8-20190617172	[illegible]	市场服务	47625	2019-06-17 14:51:00	结清
维修明细	6	Z-20190617161	[illegible]	召回	47625	2019-06-17 13:44:00	结清
维修明细	7	2-20180612740	[illegible]	保养	35049	2018-06-12 10:47:00	结清
维修明细	8	2-20180304067	[illegible]	保养	28397	2018-03-04 13:23:00	结清
维修明细	9	5-20180304066	[illegible]	市场服务	28397	2018-03-04 13:13:00	结清
维修明细	10	2-20171217373	[illegible]	保养	23378	2017-12-17 09:59:00	结清

‹ 1 ›　20条/页　前往 1 页

图 3　车辆维保记录

本车事故 已结案 共2条

● 2018-06　≈ 51000元

事故类型	未按规定让行
车损金额	≈ 51000元
案件状态	已结案
事故时间	2018-06

维修明细表　25 条记录

维修项目	维修方式	件数
后门壳（左）	更换	1
前门玻璃外压条（左）	更换	1
前门外拉手（左）	更换	1
倒车镜片（左）	更换	1
侧围后外板（左）	更换	1
前叶子板（左）	更换	1
后门外拉手（左）	更换	1
前门玻璃绒槽（左）	更换	1
倒车镜固定座（左）	更换	1
倒车镜壳（左）	更换	1
前门壳（左）	更换	1
喷漆:后门壳（左）	修理	1
拆装:后翼子板（左）	修理	1
喷漆:前保险杠皮	修理	1
喷漆:后翼子板（左）	修理	1
拆装:后门壳（左）	修理	1

维修项目	维修方式	件数
后门壳（左）	更换	1
前门玻璃外压条（左）	更换	1
前门外拉手（左）	更换	1
倒车镜片（左）	更换	1
侧围后外板（左）	更换	1
前叶子板（左）	更换	1
后门外拉手（左）	更换	1
前门玻璃绒槽（左）	更换	1
倒车镜固定座（左）	更换	1
倒车镜壳（左）	更换	1
前门壳（左）	更换	1
喷漆:后门壳（左）	修理	1
拆装:后翼子板（左）	修理	1
喷漆:前保险杠皮	修理	1
喷漆:后翼子板（左）	修理	1
拆装:后门壳（左）	修理	1
拆装:前翼子板（左）	修理	1
低碳 钢圈修复	修理	1
喷漆:倒车镜总成（左）	修理	1
拆装:前门含附件（左）	修理	1
喷漆:前翼子板（左）	修理	1
拆装:倒车镜总成（左）	修理	1
拆装:举升门玻璃	修理	1
喷漆:左后轮眉	修理	1
喷漆:前门壳（左）	修理	1

图 4　车辆出险维修记录

根据经验和车商询价结果，评估师告知 W 女士这台车属于有“结构损伤”的事故车，收购价只能给到 20 万元。W 女士听后当即“翻脸”，表示报价太离谱，说这台车没有换过车门和后侧围，只有钣金喷漆，出险记录显示的不是真实情况，评估师鉴定水平太低。

新车销售顾问担心旧车战败影响新车销售，建议 W 女士先锁定新车订单，再选择其他“出价高”的渠道处理旧车。

W 女士显然是有备而来，当场打开几个二手车交易门户网站和估价软件，说年款比这台车老、车况比这台车差的车都标价 26 万元以上（图 5），店端还有置换补贴，最起码也要给到 24 万元。

图 5　二手车交易门户网站同款车标价

评估师让 W 女士不要着急，先回忆一下在出险记录显示的事故时间点前，是不是把车借给过其他人用。W 女士表示确实有朋友在事故时间点前借用过这台车，还车时说发生了一次剐蹭事故，已经走保险修好了。随后，她又当场给朋友打电话询问，对方说只做了钣金喷漆，是在修理厂做的，没有去 4S 店。

新车销售顾问见状应和说，既然只有钣金喷漆，就不算事故车，可以适当“抬抬价”。评估师无奈找来二手车经理，后者表示这台车收购风险高，20 万元已经是最高收购价，没有议价余地。

案例处置过程和结果

1. 由于二手车部门坚持最高收购价 20 万元，W 女士悻悻离店。经过新车销售顾问跟进了解，她最终把旧车以 22 万元的价格卖给了二手车商，并且去其他店提了新车。至此，新旧车双双战败。

2. 新车销售部门认为是二手车部门“高车低评”导致新车战败，二手车经理表示本部门工作没有问题，这台车的剐蹭事故真实存在，尽管实际只做了钣金喷漆，但出险记录显示有更换车门和左后侧围项目且理赔金额较高，必然严重影响残值，并且零售存在一定风险。新车销售经理反驳说，

既然二手车商都能 22 万元收购，就说明至少能卖 23 万元，店端有置换补贴、品牌背书、零售渠道，哪怕把收购价抬高 1 万元都不至于战败。

胖哥实战分析

1. 对于出险记录与实际修复情况不符的车当然要慎之又慎，但也不能因噎废食，遇到这类车就拒之门外或过分压价，还要综合权衡实际车况和出险理赔金额，只要能厘清处置思路，确保有渠道兜底，该拿下还是要拿下。A 店二手车经理明显有“畏战”情绪，而且处理经验不足。

2. 很多新车销售顾问由于置换任务重，对二手车业务也缺乏了解，以为 1 万 ~2 万元的收购差价可以忽略不计，对二手车评估师的“斤斤计较”很不理解，导致配合不畅甚至相互抵触，这需要从管理机制和业务培训入手来解决。

3. 当下很多在用车的出险记录与实际车况偏差很大，记录“难看”但实际车况良好，这显然是“小病大修”问题泛滥导致的，不仅是一些修理厂，很多知名经销商集团和品牌 4S 店也存在这种问题，为了完成售后任务指标，造成在用车残值减少，损害了车主的潜在利益。

4. 对于“拿不准”的事故车、高端车、冷门车，要提前找好“下家”，最好预收不低于车价 15%的订金，杜绝“下家”毁约风险。

5. 店端二手车部门的“定价逻辑”要数据化、公开化，让其他部门人员，尤其是新车销售顾问能正确理解、及时掌握，这样就能避免很多有关二手车报价的内部矛盾。

更优处置建议

针对案例车，A 店二手车部门应当把掌握的所有渠道，包括车商、拍卖平台、门户网站等的报价，及时与新车销售部门共享。两个部门要一致对外、友好协商，如果报价 20 万元确实偏保守，可以先提高到 21 万元试探客户反应。从店端管理层的角度，要合理制定针对这种跨部门协作业务的“利益分配”方式，确保盈利了大家都赚钱，亏损了大家一起担。

举一反三思考

1. 针对案例车，事故真实存在，出险记录显示有5.1万元理赔额，但没有4S店维修记录，实际也没有切割修复痕迹，应当怎样解释和理解这种情况?

2. 针对案例车，怎样解释才能让W女士理解并接受“有记录但实际没修”也会产生折价损失？如果是本店“小病大修”导致的这种情况，又该怎样解释才能避免“节外生枝”?

3. 假设A店最终收购了案例车，后续怎样处置才能避免风险并实现盈利?

案例 3.7 售后失误火烧车，二手车回购善后

图 1　案例车

车况速览

年款型号：2014 款 大众夏朗 2.0T 舒适版（图 1）

生产日期：2014 年 10 月　　登记日期：2015 年 11 月

行驶里程：7 万公里　　车身 / 内饰颜色：黑 / 黑

使用性质：个人非营运　　获得方式：购买

过户次数：0

案例来龙去脉

Z 女士到 D 店出售一台大众夏朗，店内二手车评估师在初步检测中发现，车身覆盖件是“原版原漆”状态，结构件没有拆修痕迹，从维保和出险记录上看属于“精品车况”（图 2）。然而，进一步检查发动机舱发现，左前翼子板、发动机舱盖、发动机缸盖上的螺栓都有不同程度的过火痕迹，一些小缝隙里有疑似灭火干粉的白色粉末，根据这些状况，评估师判断这台车存在局部火烧情况。

图 2　出险记录

随后，评估师到店内售后部门查询了这台车的详细维保信息，并向服务顾问了解了背景情况，得知这台车局部火烧的原因是本店维修技师在清洗三元催化转化器时不慎引燃了清洗剂，所幸火势不大，用灭火器及时扑灭了明火，但仍然导致发动机舱里的一些附件烧毁。事后经过与 Z 女士沟通达成一致，不走保险，由店内免费将烧毁的附件换新并清除火烧痕迹，Z 女士不追究相关责任。

掌握背景情况后，评估师继续与 Z 女士沟通，了解到她没有在其他渠道询过价，心理预期价格是 7 万元。

由于市面上这类局部火烧车相对少见，缺乏报价参考依据，评估师联系了多家二手车商，其中，车商 C 的出价最高，但也只有 5 万元，并且表示要实际看车后才能确定最终出价。

评估师考虑，如果按 5 万元直接向 Z 女士报价，很可能导致对方不满甚至"翻旧账"，给售后部门带来麻烦。

案例处置过程和结果

1. 车商 C 到店看车后，把出价提高到 5.5 万元。评估师再次与 Z 女士沟通，耐心说明了车况对残值的影响，以及车商的报价情况，Z 女士表示可以降价到 6 万元。

2. 由于 Z 女士的预期价格仍然与车商 C 的报价有 5000 元差距，评估师又建议先由店里尝试拍卖，这样有可能卖出更高价格，Z 女士表示同意。

3. 尽管店里在拍卖平台上对这台车的状况进行了详细描述，但最终还是流拍。评估师只能继续与 Z 女士沟通，最终达成一致，店里以 5.7 万元收购，亏损 2000 元。

胖哥实战分析

1. 针对火烧车，如果只是局部过火，起火原因清楚且实际损失不大，就不至于"拦腰折价"。如果是出险维修，也就是火烧事故已经"记录在案"的情况，车价通常是正常行情价的 70%，具体要视修复情况而定。此外，很多火烧车都存在"扩损"的情况，而且理赔金额较高，注意不要偏信出险和维修记录，避免"高车低评"。

2. 火烧车，尤其是局部火烧车，市场上相对少见，要进行大范围比价才能确定合理的收购价，注意询价时要真实、细致描述车况，避免纠纷。

3. 二手车部门在回购售后部门作业失误导致车损的"瑕疵车"时要特别注意，如果处置不当就容易节外生枝，在导致客户抱怨和投诉的同时，还会引发内部矛盾，甚至造成公关危机。

更优处置建议

针对案例车，可以采取"丢车保帅"和"明牌服务"策略，提前与 Z 女士约定，帮助她进行多渠道询价和多平台上拍，全程"透明服务"，尽可能提高卖价。此外，可以通过免收佣金、免费代理过户等"福利"争取 Z 女士信任，转危为机。

举一反三思考

1. 像案例车这样实际评估有火烧情况，但没有相关出险和维修记录，应当怎样定价？怎样与客户确认车况？

2. 面对这类本店售后部门失误导致车损的“瑕疵车”，如何妥善处置，避免节外生枝？

案例 3.8 客户计谋多，误判泡水车

图 1　案例车

车况速览

年款型号：2012 款 上汽大众途观 2.0TSI 自动四驱风尚版（图 1）

生产日期：2012 年 1 月

登记日期：2012 年 4 月

行驶里程：12 万公里

车身 / 内饰颜色：黑 / 米

使用性质：公司非营运

获得方式：购买

过户次数：0

案例来龙去脉

L 先生到 D 店准备用一台大众途观置换新车，他表示这台车虽然挂公司牌，但一直是自己在用，外观看起来一般，不过年均行驶里程少，发动机和变速器等“大件”状况都很好，心理价位在 4 万元左右。

店内二手车评估师在检测中发现，这台车的结构件没有损伤，但右侧前后车门都有拆装痕迹（图 2），而且维保记录到 2016 年之后就没有了。L 先生回应说，维保记录中断是因为过了质保期后就一直在朋友的修理厂做维保，右侧前后车门拆装是为了帮朋友的修理厂“走保险”，没有真出事故。但评估师查询出险记录却没有发现与右侧车门相关的事故记录。

一般情况下，这个年份 / 里程的车，内饰部件大多会有明显的磨损和使用痕迹，尤其是米色内饰部件更会“显旧”，但这台车的很多内饰部件看起来状况很好，和年份 / 里程完全不匹配。L 先生的解释是，他的用车强度很低，年均行驶里程只有 1 万公里，磨损小很正常（图 3）。

图 2　车门拆装痕迹

图 3　内饰整体状况

评估师在检测过程中还发现车内异味很重，天窗导轨内侧饰板上有水痕，转向柱下部有锈蚀情况，因此怀疑有泡水事故，但蹊跷的是座椅导轨上没有锈蚀，备胎槽也没有修整痕迹，无论按国标还是团标，都不符合泡水车的认定标准。L 先生解释说，可能是前几年有一次天窗漏水导致饰板上留下水痕，而锈蚀和异味可能是这几年经常停在地库里，环境阴冷潮湿导致的，也属于正常情况。

针对上述问题，评估师与 L 先生沟通，表示虽然不能认定这台车是泡水车，但按行业常规，有明显“泡水痕迹”还是会有一定折价，L 先生表示能理解，可以适当让价，双方最终以 3.3 万元的价格成交。

案例处置过程和结果

1. 完成收购后，二手车部门认为这台车零售整备成本太高，因此决定采取拍卖批发方式，先后联系了 3 个拍卖平台，对方评估师都认定这台车是“严重泡水车”，最高报价只有 3 万元。

2. 二手车经理找到几位资深评估师对这台车进行了深入复检，发现发动机舱里的熔丝盒中有少量泥沙沉积，防火墙内侧有水痕，结合之前发现的转向柱锈蚀情况，判断大概率发生过“车头落水”事故（图 4），之所以损伤不多且痕迹掩盖较好，可能是因为事发后打捞及时，并且迅速进行了精修。

3. 最终，二手车经理找到一家专门做泡水车和瑕疵车业务的车商，对方以 3.1 万元的价格收购了这台车，店端因此亏损 2000 元。店总认定二手车部门存在工作失误，扣罚了当月奖金。

图 4 “车头落水”事故示意

胖哥实战分析

1. 案例车存在很多明显“疑点”，比如里程数、维保记录、出险记录、事故修复情况、泡水痕迹等。尽管没有确凿的证据证明 L 先生“说谎”，但他的一系列应对话术专业且合理，显然是有备而来，这是极不正常的，恰恰表明他有故意隐瞒车况的嫌疑。

2. 天窗进水、空调管漏水等导致的水痕，也会影响二手车残值。

3. 尽管按照国标或团标，转向柱下部、座椅导轨、备胎槽三个部位同时存在锈蚀情况才能认定是泡水车，但并不代表这三个部位没有锈蚀就绝对不是泡水车，不能生搬硬套标准。

4. 案例车的很多内饰部件磨损程度与年份 / 里程不符，也没有泡水痕迹，可能是在事故精修时特意更换了同年款新件或拆车件。

5. 案例车的天窗漏水与车头落水应该不是一次事故，L 先生可能是故意用这个“小问题”掩盖泡水这个“大问题”，评估师由于经验不足或专业知识不过硬上了他的当。

6. L 先生的心理价位是 4 万元，最终成交价是 3.3 万元，双方没有经过什么“拉扯”就顺利成交，这也是极不正常的。因为大部分正常客户肯定希望卖高价，不情愿接受大幅“砍价”，更不会主动让价。大概率是 L 先生对车况心知肚明，选择“以退为进”，让经验不足的评估师上了当。

更优处置建议

1. 这种“特殊泡水车 + 不诚信客户 + 精修伪装”的情况非常罕见，经验不足或能力一般的评估师很容易上当，因此二手车经理对当事评估师的处理措施应当是“适度批评 + 稍加安抚 + 指点迷津 + 加强培训”。

2. 鉴于 L 先生明显存在“欺瞒”行为，D 店二手车部门可以尝试与他沟通，劝导他退回部分车款，弥补损失。沟通之初，这类客户的态度可能会非常强硬，拒不承认泡水情况，质疑店端鉴定评估水平，威胁向厂家投诉。D 店的应对措施可以是，先表达对 L 先生的“信任”，不要戳破他的谎言，避免针锋相对，然后主动示弱和诉苦，表示这件事可能导致当事评估师受到严厉惩罚甚至被开除，由于存在亏损和违约疑点，公司法务后续肯定会按合同追责，如果走法律诉讼程序，到时候必然会给 L 先生带来一系列麻烦，由此“柔中带刚”地向他施压。

3. 鉴于 L 先生大概率会“做贼心虚”，协商退回 2000 元车款是完全有可能的，这样一来，D 店至少不会亏损。

举一反三思考

1. 很多车过了厂家质保期后都会在非4S店渠道做维保，由此导致维保记录不全，针对这类车怎样进行专业且准确的评估，减少对事故精修情况的误判？

2. 针对像L先生这样不诚信的客户，应当如何在评估、谈判、签约环节“未雨绸缪”？

案例 3.9 涉水车高价收，拍卖不成低价出

图 1 案例车

车况速览

年款型号：2013 款 一汽 - 大众迈腾 1.8T 豪华型（图 1）

生产日期：2014 年 12 月

登记日期：2015 年 1 月

行驶里程：12.3 万公里

车身 / 内饰颜色：黑 / 米

使用性质：个人非营运

获得方式：购买

过户次数：0

案例来龙去脉

X 先生到 L 店准备用一台一汽 – 大众迈腾置换新车，店内二手车评估师查询了这台车的出险记录，发现有涉水事故，理赔金额为 9000 元（图 2），实车检测确认只是发动机进气口部位少量进水，发动机本体没有大修痕迹且车厢内没有进水痕迹，车身结构正常。

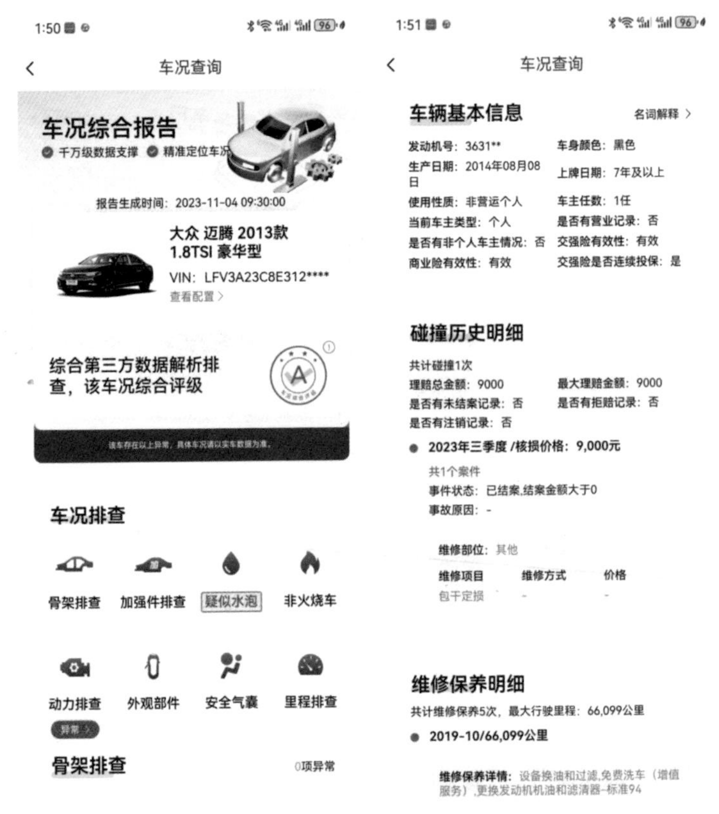

图 2　车辆疑似泡水出险记录

根据经验和多家车商询价，评估师报价 4.5 万元，X 先生不太满意，表示来店前询过价，有车商报价 5 万元，并且当场给车商打电话，对方称 5 万元可以马上收购，而且提供上门服务。

新车销售顾问见状，愤愤不平地找到二手车经理，抱怨说二手车部门每次开会都号称评估实力经得起市场考验，可现在这台车报价比车商低了

5000元，新车价格已经谈好了，就差旧车这一“哆嗦”，如果客户不接受旧车报价导致新车退订，责任该由谁来担？

案例处置过程和结果

1. 二手车经理先安抚了新车销售顾问，然后亲自确认了车况，接着与集团其他店的几位二手车经理进行了探讨，大家普遍认为这台车总价不高，综合车况不错，而且属于畅销车款，只要后续处置中多方比价、充分竞价，亏损风险不大，甚至有希望盈利，可以试试。

2. 二手车经理决定“铤而走险”，按X先生预期的5万元收购了这台车，新车销售顾问也如愿拿下了新车订单。

3. 后续这台车经过多次拍卖价格都不理想，最高出价只有4.7万元。最终，二手车经理将这台车以4.8万元卖给了一家本地合作车商，亏损2000元。新车销售部门为表示感谢，主动放弃了成交奖金，二手车部门承担了50%的亏损责任。

胖哥实战分析

1. 首先要明确泡水、涉水的界定和估价标准。如果是涉水，就要综合考虑受损部件和维修部位及金额来估价，一般不会“拦腰折价”；如果是泡水，而且保险走了“全损”，就要综合考虑修复工艺和实际车况来估价，一般是低于正常行情价的60%。

2. 涉水车和泡水车都没有标准的价格计算公式，需要通过大范围的询价和比价来获得相对合理的报价。不要偏信长期合作的车商报价，平时要多储备一些专业处理“非常规”二手车的商家渠道，包括全国范围内专收事故车的商家。

3. 目前行业内很多涉水车和泡水车都是在保险公司指定的维修厂“包干”修复，缺乏监管，出险记录中的维修项目与实际维修项目偏差大的现象比比皆是，“记录糙车况好”“记录好车况糙”的情况都存在，因此鉴定估价时必须参考理赔金额，仔细核对记录维修项目和真实维修项目，避免“低车高评”或“高车低评”。

4. 针对高价车、事故车、冷门车，为减少处置风险，避免内部矛盾，二手车部门可以与新车销售部门联合行动，提前与客户约定，帮助客户多渠道询价或拍卖，公开服务，只收取1000~2000元的成交佣金。这样一来，

至少能保证不亏损，也不会影响新车销售，同时还能“挤兑”合作车商合理报价，避免“杀熟”。即使一番操作之后得到的报价仍然达不到客户预期，也能让客户和新车销售顾问都看到“市场合理价格”，不会把怨气撒到二手车部门头上。实践经验表明，这种操作方式能让真实置换率提高2%~3%。

更优处置建议

1. 针对案例车，谈判中应当综合运用置换补贴、新车金融政策、赠送装饰精品等“福利”，尽量压低收购价格，合理的成交价在4.8万元左右。

2. 案例车多平台拍卖价格不理想，可能源于车况描述不合理，不要简单描述为“涉水”或“疑似泡水”，要强调“出险理赔金额只有9000元”“只有发动机进气口部位少量进水”“没有结构件和敏感件修换”。调整描述后，预计案例车的拍卖价格能达到5万元，这样店端还有2000元毛利。

举一反三思考

有些车由于在非4S店渠道维修，出险记录中只有理赔金额，没有维修项目，检测评估时要注意哪些问题？

案例

3.10 按揭事故车，置换引风波

图 1　案例车

车况速览

年款型号：2021 款 一汽 - 大众 T-ROC 探歌 四驱豪华智联版（图 1）

生产日期：2021 年 5 月

登记日期：2021 年 9 月

行驶里程：4.5 万公里

车身 / 内饰颜色：金 / 黑

使用性质：个人非营运

获得方式：购买

过户次数：0

案例来龙去脉

B 店电销专员（BDC 专员）以店内有特价车活动为由，邀约身在异地的 H 女士来店置换，双方电话沟通了新车优惠信息和旧车置换政策。H 女士到店后，告知新车销售顾问旧车的按揭贷款到当年 9 月才到期，仍有部分车款尚未偿还，但可以提前还款。

店内二手车评估师对 H 女士的旧车进行了检测，发现维保和出险记录都与实际车况有明显出入，而且有大额车损提示（图 2），因此报价 7 万元，低于正常行情价。

• 2024年一季度　　约17000元

类型　　商业险

损失部位　　前部,后部,右前,左前

维修项目（39条记录）	维修方式	件数
进气格栅	更换	1
前保险杠左饰条	更换	1
前保险杠中饰条	更换	1
前保险杠右饰条	更换	1
前保险杠	更换	1
前保险杠下裙板	更换	1
前保险杠下裙板饰板	更换	1
左前日间行车灯	更换	1
右前日间行车灯	更换	1
前保险杠外皮左基架	更换	1
前保险杠外皮右基架	更换	1
前保险杠左通风格栅	更换	1
左前雾灯	更换	1
右前雾灯	更换	1
左前大灯	更换	1
右前大灯	更换	1
左前翼子板轮眉	更换	1
右前翼子板轮眉	更换	1
左前翼子板内衬板	更换	1
右前翼子板内衬板	更换	1
右前翼子板	更换	1
右前翼子板标	更换	1
前保险杠泡沫	更换	1
右后轮眉	更换	1
后保险杠右上支架	更换	1
前保险杠拆装	维修	1
左前大灯拆装	维修	1
右前大灯拆装	维修	1
右前翼子板拆装	维修	1
后保险杠拆装	维修	1
右后车门整形	维修	1
后保险杠维修	维修	1
右侧车身框架外板整形	维修	1
前保险杠喷漆	维修	1
右前翼子板喷漆	维修	1
右后车门喷漆	维修	1
后保险杠喷漆	维修	1
右侧围板喷漆	维修	1
左前翼子板喷漆	维修	1

图 2　车辆出险记录和维修项目

H女士对报价非常不满，表示之前在其他渠道询价都超过7万元，坚持要在店里置换新车，旧车必须给到8万元，否则就向厂家投诉说店里欺诈。

与此同时，新车销售顾问查询库存发现，H女士的目标车款只有一台红色现车，而她心仪的黑色车最快要一个月后才能到店。H女士表示“千里迢迢”来店就是冲着现车来的，BDC专员在电话里说了有现车，到店却说没有，这是“套路销售”，红色现车也可以，但必须再优惠1万元，自己预算就这么多，要么新车更便宜，要么旧车更高价，否则就投诉。

新旧车谈判至此都陷入僵局，新车销售顾问只好转移话题，让评估师再多渠道询价，看有没有提价空间，自己则去查一下集团其他店的库存，看能不能调一台黑色车过来。

案例处置过程和结果

1. 新车销售顾问与BDC专员核实情况，对方表示与H女士电话沟通时没有提到她的目标车款有黑色现车，只是说店里有多台不同颜色和配置级别的现车，要以实际到店情况为准。

2. 二手车部门分析，像H女士这种“精打细算凑钱买车”的客户，对旧车价格和新车颜色各种“找茬”也在情理之中，为避免投诉，尽量促成置换，应当采取“缓兵之计”，从她“想占便宜”这点入手解决问题。

3. 新车销售顾问和评估师一同与H女士协商，表示可以从集团其他店调来一台高配款，仍然按标配款价格补贴，旧车价格提高到8万元，但新车要做5年分期贷款并贴息（实际上置换车型有一些特殊政策），H女士接受了这个方案。

4. 后续H女士在提前偿还旧车贷款时遇到了问题，要求店里先帮忙垫付，但店里财务部门明确拒绝，导致旧车交易一度中断。最终是二手车经理介入，通过业务关系解决了问题，但增加了1000元额外成本。

5. 旧车的最终处置价只有7.5万元，加上帮助H女士处理贷款问题产生的1000元额外成本，直接亏损6000元。

胖哥实战分析

1. 能“千里迢迢”来置换的客户，各方面肯定都会精打细算，而且往往很矫情，抓住工作人员的“小疏漏”或“一句话”就死缠烂打。针对这类情况，店端各部门之间，

尤其是业务发展中心（BDC）、新车销售部门和二手车部门之间，一定要提前协调，及时沟通，避免让客户“打信息差”钻空子，各个击破。

2. 既然客户对“钱”敏感，就可以灵活化解目标车款没有现车的问题，比如推荐优惠后价格相差不多的类似车款，尤其是一些长库存滞销车款，可能配置更高且颜色合适，让客户感觉“更占便宜”。

更优处置建议

1. 新车销售顾问在与当事 BDC 专员核实情况后，可以调取相关沟通记录，礼貌地与 H 女士“当面对质”，明确当初沟通时 BDC 专员没有保证 H 女士到店时一定有黑色现车，“击碎”H 女士胡搅蛮缠的“依据”，同时提出解决方案，表示可以按她的需求匹配有现车的其他车款。

2. 针对旧车报价，评估师要向 H 女士解释清楚，店里并没有故意压价，而是出险记录里的大额车损确实会严重影响残值。至于实际车况与出险记录不符的情况，可以依据 H 女士提供的事故照片和与托修 4S 店的沟通记录，帮助她向保险公司申诉，要求调整出险记录。如果记录调整成功，报价可以提高 5000 元，相当于帮助 H 女士减少了损失；如果记录调整不成功，至少也把矛盾转移给了保险公司和托修的 4S 店，避免了“背锅”。

3. 新车销售顾问要善意提醒 H 女士，特价车活动时间有限，数量有限，以订金为准，别因为旧车处置问题影响买新车“占便宜”，毕竟旧车提前还款和解除抵押还需要一段时间，最好先下订新车。

4. H 女士大概率会接受建议，先支付新车订金。至此，新车销售顾问就可以引导 H 女士选择店内红色现车，强调跨区域调车没有售后保障，选择红色现车可以赠送玻璃膜和车衣等装饰精品。

5. 二手车部门如果能联系几家专做“记录瑕疵车”的车商，旧车处置价理论上可以做到 8 万元，并且可以要求车商与 H 女士配合提前还款、解除抵押。成交后，车商付给店里 1000~2000 元信息服务费，这样店里就能扭亏为盈。

举一反三思考

1. 目前新车销售压力大，厂家也逐步放宽了区域销售限制，针对跨区域置换业务，怎样在沟通中留余地，避免客户投诉？

2. 对于有贷款尚未还清，需要店端垫款解除抵押的二手车，如何处置才能消除风险？

第4章 定价谈判管理类

案例 4.1 多任车主超豪车，频繁抵账记录乱

图 1　案例车

车况速览

年款型号：2014 款 宾利飞驰 V8 尊贵型（图 1）

生产日期：2015 年 9 月　　登记日期：2016 年 5 月

行驶里程：10 万公里　　车身 / 内饰颜色：白 / 黑灰双拼

使用性质：个人非营运　　获得方式：购买

过户次数：4 次

案例来龙去脉

L 女士到 B 店准备用一台宾利飞驰置换新车。由于 L 女士是当地知名企业家，而且是 B 店的长期大客户，店内销售经理亲自带队服务，并嘱咐二手车部门鉴定评估时务必谨慎，尽量降低风险的同时，也要合理报价，以免得罪 L 女士。

店内二手车部门对这台车进行了仔细检测，查询了各类手续和记录，发现有 4 次过户记录和 10 多次抵押记录，维保记录截止到 2017 年，多次中断续保，有超过 5 次大额出险理赔记录，出险维修金额累计超过 30 万元（图 2）。

图 2　车辆出险记录

尽管二手车交易门户网站上同年款车标价最高超过 100 万元（图 3），但这台车行驶里程多、过户次数多、抵押次数多、出险记录多、出险金额大，这些都对残值有很大影响，更何况后续销售周期可能很长，甚至成为库存“老大难”。二手车部门由于缺乏相关评估定价经验，不敢贸然报价，于是先向几家本地专做豪华二手车业务的商家询了价，得到的最高报价只有 60 万元，而且对方还表示要实际看车和做第三方检测后才能确定最终报价。

图 3　二手车交易门户网站同年款车标价

店总担心直接报价 60 万元会导致 L 女士不满，决定先试探对方的心理预期价位。L 女士表示，这台车是别人去年抵账抵给自己的，当时抵了 100 多万元账款，自己的司机之前说有车商朋友能 90 万元收购，但自己对具体值多少钱没什么概念。

鉴于处置渠道最高报价只有 60 万元，而 L 女士又表示有渠道能给到 90 万元，二手车部门陷入了两难境地，一时不知道该如何报价。

案例处置过程和结果

1. 店总向 L 女士解释，由于本店二手车部门不擅长鉴定其他品牌二手车，怕报价不合适，建议她采取拍卖方式处置这台车，无论 L 女士最终是否在店里置换新车，店里都可以免费协助她处理拍卖相关事项，L 女士接受了建议。

2. 二手车部门同时在三个拍卖平台上进行了试拍，最高出价 72 万元。二手车经理将结果告知了 L 女士，并且说明最高出价来自一位外地买家，可能需要 30 个工作日后才能过户，L 女士认为过户风险太高，而且担心拍卖会暴露个人隐私，询问店里是否能直接以 72 万元收购。二手车部门认为亏损风险太大，不敢承诺收购。

3. L 女士的司机私下找到二手车部门，表示他的车商朋友了解了拍卖情况，可以加价到 73 万元收购，但不能走拍卖平台，店里要协助他办理过户手续，这样不仅卖价更高，还能马上过户，不影响 L 女士置换新车。二手车部门表示这样操作不合规程，要向上级请示。

4. 两天后，新车销售顾问跟进了解情况，从 L 女士的司机处得知，L 女士已经在其他店购买了新车，旧车也已经处置。

5. 新车销售部门把“飞单”归咎于二手车部门没有及时跟进旧车事项，二手车部门认为本部门操作没有问题，是新车销售部门没有谈好。

胖哥实战分析

1. 对于“身世复杂”的超豪华二手车，多数 4S 店的二手车评估师可能都存在鉴定估价经验不足的问题，即使收购，后续处置也是以批发为主，而且短时间内不会有合理报价，因为本地二手车商对这类车的情况或多或少都有了解，肯定会故意压价。

2. B 店询价得到的 60 万元报价，与 L 女士“轻描淡写”提到的 90 万元报价确实有很大差距，贸然报价必然招致 L 女士不满，店总建议采取公开透明的拍卖方式处置是没有问题的。针对这类“身世复杂”的超豪华二手车，先报价很容易被“当靶子”，也容易导致客户质疑，应当通过公开方式建立“价格标杆”，逐步降低客户预期，配合其他“福利”促使客户认可较低报价。

3. 首先，过户、抵押、出险次数多必然导致大幅折价；其次，L 女士所说的“抵账 100 多万元”不能作为案例车的估价参考。这些问题应当尽早与 L 女士沟通，为后续建立更低的“价格标杆”做好铺垫。

更优处置建议

1. 抓住“司机的车商朋友有明确收购意向”这个关键点，第一时间建议司机与车商朋友进一步沟通，并表示店里可以把真实车况和手续记录问题都向他“交底”，按他最初报价 90 万元估计，掌握这台车的“底细”后，大概率出价会降低到 65 万 ~70 万元，但至少比店里询价得到的 60 万元高。

2. 假设 L 女士与车商最终以 70 万元成交，店里可以与 L 女士签订委托服务协议，协助她办理相关手续，顺便“卖乖”，表示按标准要收 2% 的置换服务费，鉴于 L 女士是老客户，店总特批只收 1%。为避免车商拖延过户或出现其他风险，批发处置合同里要明确描述车况和记录手续问题，并约定过户时限。

举一反三思考

1. 为什么很多4S店的二手车部门在遇到冷门车、高端车、瑕疵车时都不敢报价?

2. 二手车“老江湖”怎样更好地向二手车“新人”传授经验和技能?

案例 4.2

上门看车隐患多，复检发现大问题

图 1　案例车

车况速览

年款型号：2019 款 奥迪 A4L 进取型（图 1）

生产日期：2019 年 4 月　　登记日期：2019 年 7 月

行驶里程：4 万公里　　车身 / 内饰颜色：棕 / 黑

使用性质：个人非营运　　获得方式：购买

过户次数：3 次

案例来龙去脉

Z女士来到A店，告知新车销售顾问准备用一台奥迪A4L置换新车，但车没有开来。据她描述，这台车大部分时间停放在小区地库里，平时用车爱惜，车况很好，行驶里程只有4万公里，心理预期价格在15万元左右，如果店里报价合适，可以立即置换。

新车销售顾问随即与店内二手车评估师进行了沟通，后者认为如果Z女士所言非虚，正常行情价确实是15万元左右，可以先安排上门评估。

一天后，评估师按约定前往Z女士居住的小区，对这台车进行了初步检测，发现前保险杠、左前照灯、左前翼子板和左后翼子板都有维修痕迹，判断发生过追尾事故，但表面看并不严重，随后查询了出险记录（图2），发现车身前部事故理赔金额高达4.5万元。

由于担心还有“隐藏”损伤点，评估师告知Z女士，要把车开到店里进行上架复检才能确定报价，如果确认没有其他问题，收购价可以给到14万元，Z女士同意次日开车来店复检。

第二天，Z女士开车到店后，售后部门配合二手车部门对这台车进行了复检，确认车身前部维修情况与出险记录基本吻合，但在用内窥镜对左后翼子板内侧进行检查时，发现车身框架上有一个明显的焊点（图3）。

图2　车辆出险记录

● 2022年2季度 ≈ 45000元

事故类型	尾随相撞
车损金额	≈ 45000元
案件状态	已结案
事故时间	2022年2季度

维修明细表 20 条记录

维修项目	维修方式	件数
方向机球头左外	更换	1
方向机球头右内	更换	1
叶子板支架前左	更换	1
护板左	更换	1
叶子板内衬胶前左	更换	1
保险杠支架前左	更换	1
发动机盖护板左	更换	1
左前叶子板铁支架	更换	1
灯前左大灯	更换	1
叶子板前左	更换	1
雾灯护罩前左	更换	1
保险杠前	更换	1
底盘件	修理	1
四轮定位	修理	1
附件	修理	1
左前叶子板4	修理	1
左前叶子板	修理	1
前保险杠2	修理	1
前保险杠	修理	1
钢圈	修理	1

本车事故 已结案 共4条

● 2021年4季度 ≈ 4000元

事故类型	尾随相撞
车损金额	≈ 4000元
案件状态	已结案
事故时间	2021年4季度

维修明细表 7 条记录

维修项目	维修方式	件数
左后钢圈	修理	1
左后门5	修理	1
左后门	修理	1
左后叶子板3	修理	1
左后叶子板	修理	1
后杠1	修理	1
后杠	修理	1

● 2023年2季度 ≈ 5000元

事故类型	尾随相撞
车损金额	≈ 5000元
案件状态	已结案
事故时间	2023年2季度

图 2　车辆出险记录（续）

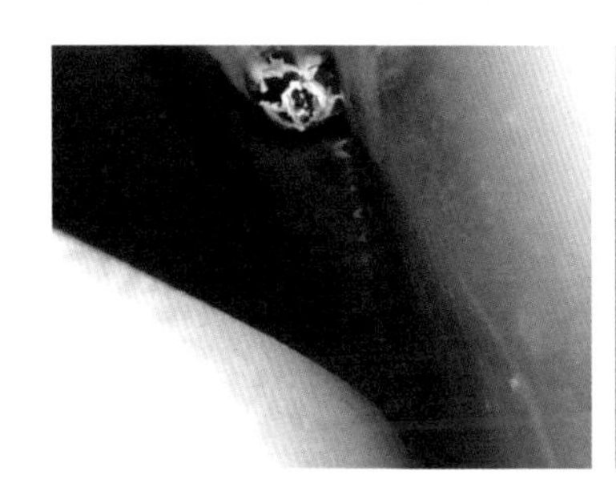

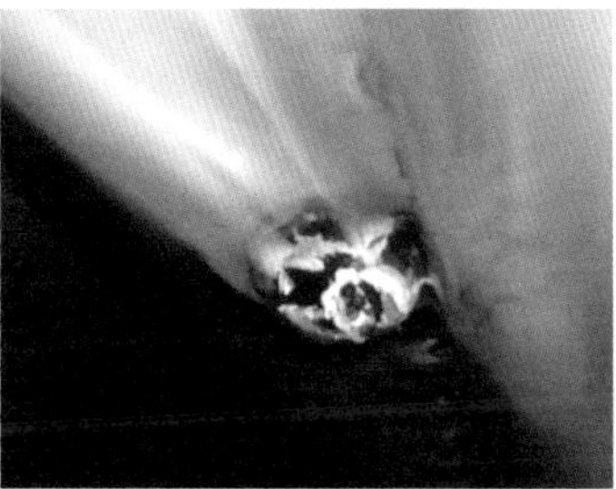

图 3　左后翼子板内侧车身框架上的焊点

根据国标和团标，车身框架上存在焊点大概率是发生过结构性损伤，属于事故车，无法通过第三方检测平台的查验。鉴于问题严重，评估师第一时间与 Z 女士进行了沟通，表示由于发现存在结构性损伤，收购价要降低到 12.5 万元，后者非常不满。

案例处置过程和结果

1. 谈判中，Z 女士认可这台车发生过后部事故，对评估师的鉴定结果没有异议，但认为报价调整幅度太大，如果能给到 13.5 万元还可以接受，如果是 12.5 万元就不考虑置换了。

2. 二手车部门经过一番询价和比价后，最终报价 13.3 万元，Z 女士表示接受，置换顺利完成。

3. 后续店里在拍卖平台上进行了多次试拍，由于存在结构性损伤，车商出价普遍低于收购价，只有一位外地个人客户出价 13.3 万元。考虑到至少能不亏损，店里最终把这台车零售给这位外地客户，为避免纠纷，将事故照片、维保和出险记录以及店里的检测记录都发给了客户，除零售合同外还签订了免责声明，明确了买家知晓车况和事故情况。

胖哥实战分析

1. 如果二手车初检是在地库等光照条件不好的环境里，或者遇到雨雪等恶劣天气，一定要增加复检环节，复检最好由二手车经理或技术经理亲力亲为。

2. 无论是客户描述，还是维保和出险记录，都只是“辅助鉴定要素”，起决定性作用的还是实车鉴定。检测过程中，要坚持“由外而内，由内而外，核对记录”的工作流程，要学会根据记录和损伤情况分析推测事故实况，判断是否有“次生”损伤，比如确定存在车身左前部事故，就要分析推测车身右后部是否也有损伤，并通过实车检测佐证推测。很多 4S 店的“二手车正规军”过度依赖数据，过度依赖车商报价，长此以往，自身鉴定估价能力必然下降，甚至变成“传声筒”，严重影响职业发展。

3. 目前很多 4S 店的二手车部门都会提供上门评估服务，实践证明这项服务客户体验好且转化率高。实操中，建议先与客户线上 / 电话沟通，请客户提供车辆的登记证、行驶本等手续资料，做好车型和手续确认以及记录查询工作，预估价格范围，如果预报价与客户预期价的差距在 10% 以内，再进入上门评估流程，避免前后报价差距过大导致客户抱怨和“徒劳无功”。上门评估时注意驾驶店里带有品牌标识的工作车，着工装，带好工具设备，上车检测前铺装好“三件套”，通过塑造专业形象，提高客户的信任度。

更优处置建议

A 店对案例车的处置流程相对规范，评估师也展现出较高的技能水平和业务能力，值得学习借鉴。

举一反三思考

1. 二手车评估师怎样在相对紧凑的时间里尽可能全面准确地检测评估一台二手车？哪些设备工具和方式方法能提高检测效率？

2. 怎样通过实证和话术来减少与客户的认知偏差导致的沟通误解？

案例4.3 多渠道比价，不惧怕施压

图1 案例车

车况速览

年款型号：2015款 名爵锐腾 1.5TGI TST 豪华版（图1）

生产日期：2015年12月

登记日期：2016年3月

行驶里程：15万公里

车身/内饰颜色：棕/黑

使用性质：个人非营运

获得方式：购买

过户次数：0

案例来龙去脉

Y 先生到 M 店准备用一台名爵锐腾置换新车，他表示，这台车当年买的时候没有优惠，品牌车款又相对冷门，现在车况非常好，至少能卖 4 万元。店内二手车评估师初步沟通后，感觉 Y 先生“心气”比较高，同年款车的正常行情价多在 3 万元以内，与 Y 先生的心理预期差距不小，因此没有急于报价，建议 Y 先生自己先了解一下市场行情，由于有厂家的置换补贴，店里收购的时候可以适当“抬价”。

Y 先生表示之前咨询过二手车拍卖平台 B，对方说可以免费上拍，因此想试试看能拍出多高的价，但由于不懂行，希望店里能给一个“保底价”作参考。评估师初步检测后，给出了 2.5 万 ~2.8 万元的区间报价，并且说明了由于二手车市场行情波动比较频繁，报价有效期只有 7 天，后续如果 Y 先生确定来店里置换，还要查验记录和手续，到时候报价可能会有调整。

随后，Y 先生把这台车的信息挂在了 B 平台上，每次有意向买家出价，他都会与评估师或新车销售顾问“沟通”，实际是施压，说店里报价比平台买家低太多，如果店里坚持不让价，就去别的店置换了，反正补贴都是一样的。

最后一次沟通中，Y 先生说有平台买家出价 2.8 万元，如果店里能给到 3 万元，就马上置换。新车销售顾问见状非常着急，而二手车经理表示要沉住气。

案例处置过程和结果

1. 后续二手车经理介入沟通，帮 Y 先生分析了现实情况，说拍卖平台上很多车商会打着“高价收车”的旗号虚高报价，但成交后只支付部分车款，比如 70%，然后找各种理由压价或索要各种名目的费用，车主不同意就以拖着不过户来“要挟”，几番“拉扯”之后，车主实际能拿到的车款要比最初的报价少得多，整个交易过程都没有保障。此外，了解市场行情不能偏信二手车交易门户网站上的估价程序，由于不可能考虑实际车况等因素，程序估算出的车价往往与真实行情有很大偏差（图 2）。

2. 劝导 Y 先生认清现实后，二手车经理又与新车销售经理沟通，说如果“顶着”Y 先生预期的 3 万元收这台车，很可能没利润甚至亏损，因此最高收购价就是 2.8 万元，如果新车销售部门能给一点支持，就还可以再让一点，新车销售经理表示理解，说新车价格可以再让 500 元，两个部门共战共赢。

3. 后续二手车部门和新车销售部门配合与 Y 先生沟通，承诺新车再优惠 500 元，并提供一站式验车上牌服务，二手车部门上门协助 Y 先生办理过户手续，Y 先生非常满意。最终，旧车以 2.75 万元成交，顺利置换了新车。

4. 二手车部门对这台车进行了集团内部拍卖处置，成交价 3 万元，实现毛利 2500 元。

图 2　某二手车交易门户网站的估价程序页面

胖哥实战分析

1. 对于置换业务，无论以旧换新还是以旧换旧，都要在充分厘清本店议价策略和手段的基础上，及时了解客户的心理预期价格和竞争对手的“套路”，做到知己知彼才能百战不殆。

2. 相比传统二手车商、二手车电商等渠道，4S 店渠道在“诚信度”和“服务保障”上更有优势，而且有厂家置换补贴等“独门手段”，店端二手车部门要学会把这些优势和手段的“价值”与二手车的价格挂钩，在谈判中灵活运用“价值杠杆”。

3. 目前很多 4S 店二手车部门都存在车辆收购价低的问题，根本原因是“处置渠道”不足且交易环节存在“灰色地带”，进而导致置换率低，销售配合度低。

4. 鉴于新车不断降价，二手车贬值加快，很多准备出售二手车的客户由于不了解市场行情和不理解行情变化原因，会对店端的报价比较抵触，针对这类情况，可以先引导客户自己通过其他公开渠道充分比价，再具体报价和议价，不要担心客户在外比价就会“飞单”，新车销售顾问尤其要注意。

5. 4S 店二手车部门要加强与新车销售部门的沟通，时常开展店端、实体店二手车商、电商平台二手车商、二手车交易门户网站、客户亲友等“报价源”的 SWOT 分析（优势、劣势、机会和威胁分析），提升置换业务的服务价值，避免围着价格转。为提高相关业务人员的谈判能力，以及新旧车部门配合度，可以多开展实战模拟和案例分享活动。

更优处置建议

1. M 店二手车经理在与 Y 先生沟通中充分分析了“店外渠道”的隐患和风险，客观介绍了 4S 店渠道的价值和保障，合情合理地引导 Y 先生接受报价，方法值得借鉴。

2. 在价格谈判中，建议向客户提供标准格式的报价单，围绕有据可依的标准项目和价格展开谈判，避免各说各话。

举一反三思考

1. 针对4S店，新车销售顾问为什么总觉得二手车部门“报价低”？怎样让新车销售顾问充分了解二手车报价的“核心技术”？

2. 二手车客户一定会选择“出价最高”的渠道吗？正规二手车企业的优势究竟是什么？

3. 4S店二手车部门和一般二手车商的批发与零售处置渠道都有哪些？怎样才能充分发挥多渠道询价、竞价的优势？

案例 4.4 重度改装车，情绪价值多

图 1　案例车

车况速览

年款型号：2013 款 一汽丰田锐志 2.5V（图 1）

生产日期：2013 年 9 月

登记日期：2013 年 12 月

行驶里程：12 万公里

车身 / 内饰颜色：白 / 黑

使用性质：个人非营运

获得方式：购买

过户次数：0

案例来龙去脉

A 先生到 F 店准备用一台丰田锐志置换新车。A 先生表示，购入这台车后累计花费了近 10 万元改装，涉及发动机进排气系统、悬架、轮辋轮胎和方向盘等部件，一直是自己开，没出过大事故，心理预期价格是 12 万元。

店内二手车评估师进行检测后发现，这台车的“前嘴一套”和后保险杠有更换或修复痕迹，怀疑前后部都发生过追尾事故，车身漆面整体是白色，但很多部位细节露出的颜色并非白色，由于 A 先生没有提供登记证，现场无法确定真实车身色。此外，还有多个部位存在明显色差，由于有车衣，暂时无法通过检测漆膜厚度来验证是否喷漆。

A 先生表示确实发生过后部追尾事故，而“前嘴一套”有换修痕迹是改装造成的，没有部件损伤。评估师进一步检测发现，后部追尾和前部改装确实没有伤及结构件。

随后，评估师又查询了维保和出险记录，发现维保记录时断时续，而出险记录大部分只有交强险，没有商业险。鉴于正常车况、没有改装的同年款车市场行情价只有 7 万 ~8 万元，而这台车的车况还存在疑点，手续和记录又不完整，评估师不敢贸然报价，担心让 A 先生感觉落差过大，影响新车销售。

案例处置过程和结果

1. 二手车经理介入沟通，判断 A 先生属于“不差钱、爱玩车”的高净值客户，这类客户通常比较“懂行”，对车况又很“自信”，因此心理预期价位会比较高。二手车经理告知 A 先生，由于店里缺乏改装车收购经验，需要多方询价才能报价。

2. 店里经过多方询价后，得到的车商报价在 6 万 ~8 万元之间，而且多数车商表示实际看车后可能还会调整报价。二手车经理就此情况继续与 A 先生沟通，建议他采取寄售方式，但 A 先生不愿意，表示可卖可不卖，遇上“懂行”的车友卖 12 万元都不算高。

3. 二手车部门考虑到 A 先生仍然愿意在店里购买新车，为避免节外生枝，放弃了收购旧车。

胖哥实战分析

1. 改装车车主，尤其是像A先生这样“懂行”的“重度改装车”车主，对于“改装价值”的认知很可能与二手车从业者以及一般车主存在很大偏差。换言之，有些改装车，对喜欢的人可能“价值千金”，对不喜欢的人可能“一文不值”。因此，面对这类车主时，不要急于报价，要先了解车主的预期和市场行情。

2. 改装车的过户、年检、续保等都存在一定成本和风险，要提前了解。针对案例车，如果要恢复原厂状态，车身颜色和轮辋轮胎相对容易恢复且成本不高，而发动机进排气系统、悬架和内饰部件的恢复难度和成本都相对较高，甚至存在违规违法风险，正规二手车企业很难处置。

3. 面对这类记录不全、手续不明、车主可能比你更“懂行”的改装车，二手车评估师要“少说话”，多听客户表达，尽量顺着客户的心思“见招拆招”。

4. 将改装车恢复原厂状态，改装件与裸车分开卖当然是一种可行的操作方式（图2），但对于像案例车这样的重度改装车，恢复成本过高，且恢复作业导致“次生损伤”的概率很高，处置经验不足的二手车评估师尽量不要采取这种方式。

图2　丰田锐志改装拆车件（车灯）

更优处置建议

1. 案例车采取寄售方式最合理，F店应当向A先生充分说明寄售方式的灵活性，比如既可以是实车寄售，也可以是照片信息寄售。寄售过程中，让A先生直接与意向买家沟通交流，一方面可以避免他向店端“输出负面情绪”，另一方面也能让真实行情慢慢改变他的想法。

2. 在A先生执意不愿寄售的情况下，劝导他“留着自己玩”也不失为一个好思路。案例车当年属于“改装底子”非常好的车，在很多车迷眼里是“一代经典”，既然A先生不差钱，也不存在“占标”的问题，就没必要纠结残值的问题，喜欢就是喜欢，留在手里总是个“念想”。

3. 针对A先生这类客户，多聊聊看似与业务无关的“兴趣”“文化”，可能比一门心思谈生意更有“商业价值”，二手车评估师如果能“切中要害”地谈谈对车的见解、车友圈的趣事，必然有助于拉近与A先生的距离，收获A先生的好感和信任，像A先生这样的客户，日后是很可能主动给店里推荐其他客户和车源的。

举一反三思考

1. 如果F店所在城市有限牌政策，为促成置换，这台改装车“非收不可”，具体应当怎样处置？收购产生的恢复原厂状态等成本应当如何平衡？

2. 怎样平衡改装车的“行情价”和“情绪价值”？采取什么处置方式更有利于避免客户产生不满情绪？

3. 对于轻度、中度、重度改装车，分别应当如何鉴定估价？如何避免交易风险？

案例 4.5 电车降价快，二手贬值高

图 1　案例车

车况速览

年款型号：2023 款 华为问界 M5 增程四驱智驾版（图 1）

生产日期：2023 年 6 月

登记日期：2023 年 6 月

行驶里程：0.6 万公里

车身 / 内饰颜色：蓝 / 黑

使用性质：个人非营运

获得方式：购买

过户次数：0

案例来龙去脉

W 先生到 H 店准备用一台问界 M5 置换同品牌的问界 M9。

W 先生的车上牌时间不到 1 年，行驶里程只有 0.6 万公里，车况良好，几乎挑不出任何瑕疵，属于“准新车”。但此时正好赶上 2024 款问界 M5 上市，库存的 2023 款问界 M5 本来就优惠力度非常大，又有一批包牌特价车流出，而 2024 款问界 M5 不仅“全系增配”，指导价还有所降低，并且提供置换补贴和选装权益，由此导致二手 2023 款问界 M5 严重贬值（图 2）。

图 2 问界 M5 新老款价格差别示意

一方面，W 先生明确表示预期卖价在 25 万元以上；另一方面，这台车是选装激光雷达的高配型，而各大二手车交易门户网站都没有同年款同配置的车型标价可供参考，指导价低 3 万元的同年款低配车型标价普遍在 18 万元左右。由此，店内二手车评估师陷入了两难境地，如果按现有参考信息报价，必然与 W 先生预期差距较大，很可能导致其不满，进而影响新车销售和品牌口碑；如果“顶着”W 先生预期的 25 万元收购，后续处置价大概率低于收购价，会严重亏损。

案例处置过程和结果

1. 二手车部门向多家合作车商询价，得到的最高报价只有 20 万元，新车销售部门不了解二手车行情，认为价格偏低，W 先生不会接受。

2. 二手车部门向 W 先生解释了消化库存车和新款车上市对旧车价值的叠加影响，但 W 先生并不认可，坚持认为自己的车值 25 万元。

3. 二手车部门再三权衡，放弃了收购，建议 W 先生找其他渠道自行处置旧车。

4. 由于问界 M9 车源紧俏，旧车战败并没有影响新车销售，一周后，

W 先生还是到店下订了新车，同时表示旧车最终以 22 万元的价格卖给了车商，并委婉地对店内的二手车服务提出了批评。

5. 事后店内组织了业务复盘，认为要不是新车供不应求，这次新旧车很可能同时战败。

胖哥实战分析

1. 案例车在车况和手续记录方面都没有“砍价”空间，纯粹是市场变化导致的大幅贬值，但是本品置换新旧车关联度高，正如 H 店复盘的那样，旧车战败很可能直接导致新车战败。为保新车，旧车就必须收，但也会面临两难境地，报价低，虽然后续处置风险低，但很容易引发客户抱怨甚至战败；报价高，虽然客户满意，但后续处置风险大，很可能亏损。

2. 针对二级市场批量“贱卖”库存车对二手车价值的影响问题，要通过真凭实据向客户解释清楚，借此降低客户的心理预期。

3. 多方询价后，如果发现样本参量少甚至没有，就要灵活组合收售策略，采取实体寄售、信息寄售、意向客户预售等多种方式，不要笃定一种方式。

更优处置建议

1. 二手车部门应当向 W 先生讲明各种市场因素对二手车价值的影响，在此基础上，与新车销售部门联动，通过配套新车的“忠诚大礼包”政策，让 W 先生感觉旧车的“损失”可以在新车上“找补”回来，缓解他的抵触情绪。

2. 新车销售经理可以发动新车销售顾问联系此前因价格原因战败的问界 M5“潜在客户”，征询购车意向，毕竟案例车作为几乎没有瑕疵的“准新车”，与新车相比在“性价比”上还是有很大优势的。

3. 二手车部门可以向 W 先生提供三种旧车处置方式：店里直接收购，报价 21 万元；实体寄售，如果成交价超过 22 万元，则收取超出部分的 10% 作为服务佣金，如果成交价低于 22 万元，则免收佣金；信息寄售，成交后收取成交价的 2% 作为服务佣金。

举一反三思考

1. 由于电动汽车普遍贬值快，销售电动汽车产品的4S店都比较忌惮客户“找回来”做本品置换或单纯出售旧车，如何理性看待这个问题？怎样说服客户接受旧车残值低的现实？

2. 如何及时掌握老款低价甩卖、新款变相降价等情报？面对这类状况，二手车部门与新车销售部门应当如何协同配合？

案例

4.6 经典老爷车，情怀难定价

图 1 案例车

车况速览

年款型号：1994 款 雷克萨斯 LS400（图 1）

生产日期：1994 年 3 月　　登记日期：1994 年 3 月

行驶里程：7.4 万公里　　车身 / 内饰颜色：黑 / 黑

使用性质：个人非营运　　获得方式：购买

过户次数：0

案例来龙去脉

C 先生到 F 店准备用一台 1994 款雷克萨斯 LS400 置换新车。这台车的车龄甚至超过了店里几位年轻二手车评估师的年龄，大家都对车况很好奇。

C 先生表示之前在车行询过价，只要店里出价比车行高一点，就卖给店里，但并没有明确说预期价位是多少。至于新车，他说已经提前了解了相关优惠和补贴政策，只要谈定价格就可以立即下订。

店内二手车评估师对这台车进行了初步检测，发现车身漆面已经处于“哑光”状态，车身前部有明显的碰撞事故痕迹，伤及两前纵梁，水箱框架有切割修复痕迹。

由于 C 先生当天没有携带这台车的手续文件，评估师没有贸然报价，双方约定等 C 先生下次带手续文件来店时再具体商量。在等待 C 先生来店的几天里，评估师找到几位资深老车玩家，深入了解了这台车的价值和特点，同时向几家车商询价，得到的报价在 1 万 ~1.5 万元之间。

案例处置过程和结果

1. C 先生再次来店时带来了这台车的手续文件，评估师仔细查验确认没有问题后，根据之前的询价结果，同时参考自己几个月前经手的一台老款丰田皇冠 1.33 万元的收购价，向 C 先生报价 1.5 万元。

2. C 先生表示，这台车如果卖给“车贩子”，确实也就值这个价，但如果整备好了卖给懂行的玩家，价格至少能翻一倍，自己之前浏览过一些老车收藏论坛，同年款车的标价能达到 4 万 ~7 万元，但自己预期没那么高，店里能给到 2.5 万元就行，要不是因为“占标”问题，其实舍不得卖这台车。

3. 评估师考虑，虽然 C 先生的预期与车商报价有很大出入，但他的这台车确实有“稀缺性”，价格高一些也是合理的：主流二手车交易平台上没有同年款车的车源可供参考，二手物品交易平台、收藏论坛上虽然有少量挂售车源，但标价偏差很大，而且多数是手续有问题的“死户车”，相比之下，这台车手续齐全且车况相对不错（图 2、图 3）。

4. 评估师经过权衡，建议 C 先生采取实车寄售方式，标价 2.5 万元，店里帮他在全国范围内寻找“懂行”买家，如果一个月内卖不出去，店里以 1.5 万元“保底价”收购，C 先生接受了建议。

5. 几天后，店里确实找到几位外地意向买家，但最高出价只有 2 万元，而且还有很多不确定因素，经过诚恳沟通，C 先生最终决定把车以 1.5 万元卖给店里。后续，店里通过拍卖方式以 1.85 万元顺利处置了这台车。

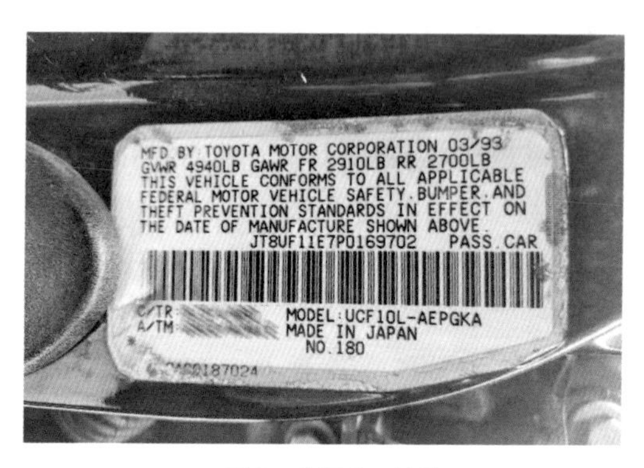

图 2　车辆出厂铭牌

注册登记机动车信息栏

项目	内容	项目	内容	项目	内容
5.车辆类型	轿车	6.车辆品牌	凌志		
7.车辆型号	UCF10	8.车身颜色	蓝		
9.车辆识别代号/车架号	[illegible]	10.国产/进口	其它		
11.发动机号	[illegible]	12.发动机型号	1UZ		
13.燃料种类	汽油	14.排量/功率	3969 ml/ kw		
15.制造厂名称		16.转向形式	方向盘		
17.轮距	前 1600 后 1550 mm	18.轮胎数	4		
19.轮胎规格	225/60R16	20.钢板弹簧片数	后轴 片		
21.轴距	2850 mm	22.轴数	2		
23.外廓尺寸	长 5000 宽 1900 高 1500 mm			33.发证机关章	广东省南海市公安局交通警察大队车辆管理所
24.货厢内部尺寸	长 宽 高 mm				
25.总质量	2150 kg	26.核定载质量	kg		
27.核定载客	5 人	28.准牵引总质量	kg		
29.驾驶室载客	2 人	30.使用性质	非营运		
31.车辆获得方式	购买	32.车辆出厂日期	1994.03.01	34.发证日期	2003.10.31

第 2 页

图 3　车辆登记证书

胖哥实战分析

1. 职业二手车评估师除了要具备实车技术状况鉴定技能，还要充分掌握汽车文化相关常识，对一些经典车型的历史和市场行情有基本了解，不能做简单的“工具人”。

2. F 店二手车评估师仔细查验手续文件后才报价，是非常专业的操作，值得肯定和借鉴，对于案例车这类“老爷车”，手续文件对残值的影响比车况更大。

更优处置建议

F店二手车部门人员通过充分搜集和分析渠道信息，对案例车进行了相对合理的鉴定估价，同时坚持“用户思维”，站在C先生的利益角度考虑问题，没有选择“无脑”批发，而是提出互利共赢的寄售方式，促使C先生降低预期并接受报价，最终实现低风险收购和再售盈利，整个处置过程是很值得学习借鉴的。

举一反三思考

1. 对入行不久的二手车人来说，能通过哪些渠道相对容易地获得和学习老旧车资料？

2. “高龄”二手车的手续问题纷繁复杂，在获得方式、使用性质、出厂和登记日期的差异上有很多“讲究”，应当如何辨别和分析？

案例 4.7 售后扩损车回店，部门内斗难处置

图 1　案例车

车况速览

年款型号：2020 款 宝马 X1 20Li 时尚型（图 1）

生产日期：2020 年 2 月　　登记日期：2020 年 5 月

行驶里程：1.8 万公里　　车身 / 内饰颜色：灰 / 黑

使用性质：个人非营运　　获得方式：购买

过户次数：0

案例来龙去脉

S女士是B店的老客户，店内客户关系管理部门（CRM）在售后电话回访中得知她计划置换本品新能源车型，于是请店内二手车评估师跟进了解旧车情况。评估师在电话中询问了车况，S女士表示旧车只发生过一次追尾事故，损伤并不严重，就是在店里维修的，有相关维修记录。评估师根据这些情况，初步报价10万元左右，约定等S女士带着手续文件把车开到店里再具体协商。

图2　车辆出险记录

几天后，S女士开车到店，评估师对这台车进行了全面检测，发现整体状况良好，手续齐全，维修记录中确实有车身后部维修项目，实车核验确认没有“伤筋动骨”。但查询出险记录时发现竟然有“大额车损”提示（图2），出险理赔金额高达5.2万元，这显然会严重影响残值。

为降低后续处置风险，评估师向S女士说明了有大额车损的情况，表示报价因此要调整到8.5万元。S女士表示难以置信，当场展示了存在手机里的事故照片（图3），指出碰撞只伤到了后保险杠和后风窗玻璃，尾灯是因为自己觉得“表面刮花了不好看”才强烈要求走保险换的，实际并没有损坏，不可能有5.2万元的理赔金额，自己完全不知情。

图3　车辆事故照片

随后，S女士找到售后部门询问情况，售后经理表示当事服务顾问已经离职，自己对这件事并不了解，但可以保证店里一贯是按正规流程和标准维修的，不会无故出现这个问题。

S女士非常生气，表示是售后部门“超额维修”导致了自己的车严重贬值，这属于欺诈行为。随后，她给自己的律师朋友打了电话，对方建议她先把旧车开走，保留证据，然后打电话向厂家投诉，同时打12345市长热线反映B店的欺诈问题。

鉴于S女士情绪激动并且要立即打电话投诉，二手车评估师、售后经理和提供线索的客服专员都慌了神，一时不知所措，二手车经理赶紧过来安抚S女士，同时让人去请店总来协助解决问题。

案例处置过程和结果

1. 售后部门要求二手车部门按最初报价10万元收购这台车，先解决“棘手问题”，店总也担心节外生枝，因此强制要求二手车部门收购。

2. 经过管理层共同安抚后，S女士的情绪有所缓和，同意以10万元把车卖给店里。

3. 后续，二手车部门尝试了多个渠道，最终以8.7万元处置了这台车，亏损1.3万元。按规定，二手车部门要承担50%的责任，二手车经理找到店总抱怨，说这件事是售后部门埋的“雷”，本部门属于帮他们“解决后患”，不仅不应当处罚，还应当表扬。

4. 售后经理反驳说这是帮二手车部门扩大本品车采购，鉴于当事服务顾问已经离职，无法查明原因，不能把责任推到售后部门头上，这件事是二手车部门评估定价失误导致的，售后部门不应当承担责任。

5. 店总最终“各打五十大板”，二手车部门和售后部门各罚款3000元，两个部门此后一直剑拔弩张，业务合作基本停滞。

胖哥实战分析

1. 如今，汽车行业的竞争已经白热化，很多4S店新车赔钱卖，二手车做不大，只能靠售后苦苦支撑，这就难免引发“小病大修”的问题，尤其是保险维修业务。很多业务人员在动这种“歪心思”的时候，专门挑不懂行的女客户“下手”，觉得这样好糊弄，不容易暴露，殊不知这恰恰给本店或本集团其他店的二手车和保险业务埋下了“大雷”，这个案例就是典型。

2. 鉴于案例车实际状况与出险维修记录偏差较大，就不能排除B店售后部门“扩损”的可能，甚至可能是当事服务顾问为完成个人业绩“弄虚作假”，只要证据做实，就是欺诈行为，轻则罚款补偿，重则退一赔三甚至涉嫌刑事犯罪，企业和个人都务必三思而行。但无论如何，这些内部问题都与客户没有关系，当务之急是安抚客户，积极协商赔偿方案。

3. B店售后经理的业务和人员监管工作明显存在“疏漏”，甚至不排除“串通一气”的可能，因此这件事的主要责任肯定不能推给二手车部门。不过，二手车部门也不能“窝里斗”，要尽量顾全大局，在发现是内部问题导致的危机后，不要把客户直接推给其他部门，应当在安抚客户的同时尽快做好内部协调工作，确保内部口径一致、步调一致地与客户协商处置，等外部问题解决了，再解决内部问题。

4. 像这种关乎道德、法规、职业操守等行为底线的问题，店端在明显不占理的情况下，一定要本着“能用钱解决就用钱解决”的原则，尽快妥善处置，避免事态升级扩散。

更优处置建议

1. B店店总应当在协调售后部门和二手车部门共同安抚S女士的同时，调取案例车的事故维修记录，让相关人员尽快核查，如果基本确认“扩损”属实，就先核算售后利润。假设售后利润有2万元，案例车处置价是8万元，就要求二手车部门最高按10万元收购，把车本身的亏损控制在2万元以内。

2. 鉴于S女士很可能已经不信任二手车和售后部门人员，店总或总监级管理人员最好亲自接待，表示问题是店端内部沟通和管理疏漏所致，一定会负责到底，随后提出按正常车况的市场行情价10万元收购案例车，如果S女士还愿意在店里置换本品新能源车型，就额外补偿价值1万元的新车装饰和维保补贴等。

3. 店总在与S女士沟通时，应当把售后经理、二手车经理都叫到现场，严厉批评并给出处罚方案，比如扣发售后部门季度奖金1万元，扣发二手车部门季度奖金5000元，用来弥补S女士的损失，打“感情牌”给S女士“解气”。

4. 通过上述操作，案例车收购价如果能谈到9.3万元是比较合理的，后续大概率能以8.7万元批发，亏损6000元，由售后部门和二手车部门各承担一半亏损责任，同时对当事客服专员提出表扬，计发奖金。

5. 对两个部门的处罚可以采取“记账”方式，后续通过倒扣业务利润“变相”罚款，以减少两个部门的直接损失和矛盾，同时要求两个部门提高协同配合意识和效率。

6. 要求售后部门警惕和预防保险维修业务中的“过度扩损”问题，同时要求二手车部门与售后部门协调，针对本品、本集团品牌和车型，先共享并核验内部记录和数据再报价，避免内乱内斗。

举一反三思考

1. 对于店端管理者，如何及时发现并处置业绩指标压力下的数据虚报问题？如何弥补相关管理漏洞？

2. 二手车部门、售后部门、新车销售部门是三位一体的，相互间的关系是互补、互助、互惠，如何杜绝这三个部门的内斗内耗？如何促进这三个部门的稳定协作？

案例 4.8

个性化改装电动车，裸车寄售更好卖

图 1 案例车

车况速览

年款型号：2022 款 特斯拉 Model Y Performance（图 1）

生产日期：2021 年 5 月

登记日期：2022 年 6 月

行驶里程：2.8 万公里

车身 / 内饰颜色：黑 / 黑

使用性质：个人非营运

获得方式：购买

过户次数：0

案例来龙去脉

Z 先生是 B 店的老客户，电话咨询说准备购买一台新车。新车销售顾问最初没有推荐置换方案，一方面是因为当地没有限牌政策，不存在“占标”问题，另一方面是因为 Z 先生的在用车是一台特斯拉 Model Y 高性能版，市场行情并不好，如果走置换，报价低了反而影响新车销售。

但出乎新车销售顾问意料的是，Z 先生来店看车后，表示考虑用旧车再置换一台店里的新能源车型。一次买两台车的“大单子”让新车销售顾问喜出望外，马上请来店里的二手车评估师鉴定估价。

评估师看到实车后心里非常忐忑，Model Y 高性能版的指导价比普通版高了将近一倍，折旧肯定比普通版多，这台车不仅选装了少见的增强版辅助驾驶功能（EAP，价值 3.6 万元），还有“重度改装”，车身贴膜没有备案，改了气动减振器和轮辋轮胎等部件，据 Z 先生说当初的改装费超过 8 万元。

这种情况下，评估师没有贸然报价，试探性地询问了 Z 先生的预期价位，Z 先生表示最起码要卖 24 万 ~25 万元。评估师随后查阅了二手车交易门户网站，发现同年款车标价多在 20 万 ~24 万元（图 2），如果按 Z 先生预期的价格收购，后续处置肯定会亏损。

评估师左右为难，请来二手车经理介入沟通。二手车经理表示，需要把改装件拆下来，恢复到能过户的状态才能具体报价，建议 Z 先生把改装件挂在二手物品交易平台上卖，这样更划算，Z 先生说要回去考虑一下。

图 2 二手车交易门户网站同年款车标价

案例处置过程和结果

1. 新车销售顾问催促二手车部门尽快联系Z先生报价，毕竟在这个市场大环境下，能一次性增购一台燃油车、置换一台新能源车的客户实在太“宝贵”了，必须全力拿下。

2. 二手车部门向多家本地车商询价，主营燃油车的车商报价不到20万元，主营新能源车的车商报价也只有21万元。本着内部互利共赢的态度，新车销售部门表示可以“补贴”5000元给二手车部门，这样收购价可以提高到21.5万元。

3. 新车销售顾问联系Z先生报价21.5万元，Z先生表示无法接受，而且另一家店的新车报价比B店低了1万元，因此决定去那家店置换。

胖哥实战分析

1. 针对案例车，首先要找到准确的“价格标杆”作为参考基准，查询可知当时的零售行情价在24万~26万元，但全国范围只有3台车，还都是超长期库存的在线状态。

2. 对比当时的新车，四驱入门版落地只有26万元，大多数潜在客户不会因为是高性能版或有EAP就多掏3万元买一台二手车，因此案例车的合理零售价至多是23万元，而且存在长库存风险。

3. 对于有特殊配置的车和改装车，应当把要素拆分开来做成本分析。针对案例车，首先是EAP，尽管选装价高达3.6万元，但存在服务到期问题，而且潜在“下家”往往不认可，因此对残值没有贡献；其次是车身改色膜，没有备案，过户前要么补备案，要么撕掉恢复原状，以案例车的颜色看，备案成功的可能性很低，大概率要撕掉恢复原状，不仅对残值没有贡献，还会产生相关成本；再次是气动减振器等部件，过户前必须拆卸恢复原状，像改色膜一样，也会产生相关成本，甚至导致“次生”损伤。综上，恢复原状的工时成本在4000元左右，拆下来的改装件，单独卖的价格在1万元左右，随车卖至多值5000元。

4. 面对Z先生这样的专业客户，用户思维和坦诚服务是关键，不要只考虑眼前利益，哪怕这一次不赚钱，也要维护好关系，日后总有机会。

更优处置建议

综合考虑案例车的情况，B店不应当纠结在报价上，可以给Z先生提供四种处置方案。

① 全国新能源车商家+3个以上知名二手车拍卖平台拍卖比价，价高者得，按规定应当收取2%的佣金，但为

争取 Z 先生信任，可以减到 1%。

② 实车寄售，店端大力推广营销，一边争取零售，一边批发比价，有意向客户报价就转给 Z 先生，由他自主决策。

③ 信息寄售，店端免费把车辆信息投放到各交易网站并置顶，成交条件和佣金比例都由 Z 先生确定。

④ 免费协助 Z 先生把车恢复原状，联系改装件收购商，提供过户服务，请 Z 先生自己联系有购买意向的圈内好友。

举一反三思考

1. 改装车，尤其是新能源改装车，哪些改装项目符合车管部门要求，过户前可以不恢复原状？哪些通过备案可以不恢复原状？哪些必须恢复原状且会影响残值？

2. 怎样核算改装件价值和恢复原状工时？怎样判断改装件对车辆残值的影响？

3. 对于比业务人员还专业的高端玩家类客户，二手车部门应当如何提供专业价值、情绪价值和服务信息价值？

4. 二手车从业者，如何建立真正的用户思维和透明服务理念？

第 5 章
投诉纠纷风险类

案例 5.1 粉丝售卖事故车，舆论抹黑风险高

图 1 案例车

车况速览

年款型号：2014 款 宝马 X5 xDrive35i 领先型（图 1）

生产日期：2014 年 9 月　　登记日期：2015 年 1 月

行驶里程：26 万公里　　车身 / 内饰颜色：棕 / 黑

使用性质：个人非营运　　获得方式：购买

过户次数：0

案例来龙去脉

T 先生来到 B 店，说是店里的直播粉丝，准备卖车，在直播间里已经与主播简单沟通了车况，主播说情况差不多的车，如果手续没问题，收购价大概是 20 万元。

店内资深二手车评估师对 T 先生的车进行了初检，发现车身包括车顶在内的部位有多处钣金喷漆，有些部件表面的漆膜厚度高达 400 微米（μm），因此怀疑车身结构件有损伤。

评估师尝试拆下部分密封胶条（图 2），以进一步检查车身结构件情况，但发现密封胶条都安装得很牢固，而且看样子是新换的，由于担心用力拆卸引发纠纷，决定先征求 T 先生意见。后者坚称这台车没发生过大事故，不可能有结构件损伤，没必要拆密封胶条检查，拆得乱七八糟影响卖相，店里一定要拆检也行，如果最后确认没有结构件损伤，就要按主播说的 20 万元收购，不能反悔。

图 2　车辆密封胶条

T 先生的一席话让评估师和主播都犯了难。评估师与主播商量，说按现在确认的车身外观损伤部位和程度判断，这台车大概率有结构件损伤，只能按大事故车定级，收购价最高 15 万元。主播说直接报这个价，T 先生怕是要当场“翻脸”，如果回头在直播间评论区“诉苦”甚至“捣乱”，肯定会严重影响流量，店里把账号做到几十万粉丝不容易，别影响“大局”，价钱上能让就让一让。

评估师没办法，又付费查询了出险记录（图 3），发现记录中确实只有多处车身覆盖件损伤修复，并没有结构件损伤修复，只能算“外观严重损伤”，照此估算，后续处置价应该能达到 18.5 万元，于是向 T 先生报价

17.5 万元。

T 先生非常不满，说在直播间里已经告诉主播这台车有几处外观损伤了，主播明确说没什么影响，既然承诺了 20 万元能收，就要按 20 万元收，否则就投诉店里欺骗消费者。

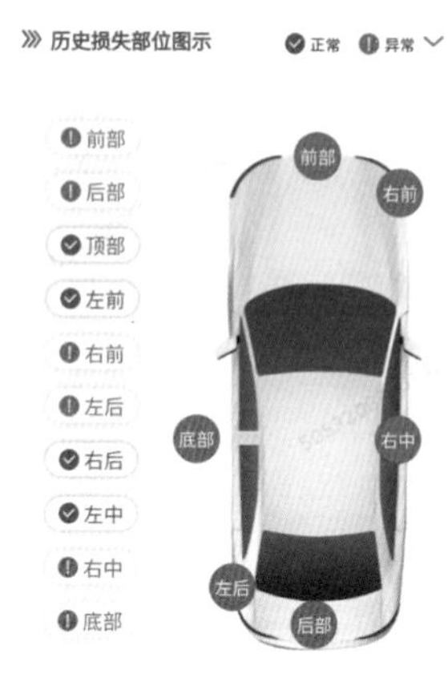

图 3 车辆出险记录

案例处置过程和结果

1. 经过进一步协商，店里与 T 先生达成一致，确认拆下密封胶条检查，如果鉴定结果是结构件没有损伤，店里就按 19 万元收购，如果鉴定结果是结构件有损伤，店里不负任何责任，可以选择重新议价或不收购。

2. 评估师和收购人员拆下密封胶条后，对这台车进行了上架检测，发现结构件有明显损伤（图 4）：两侧前纵梁校正，左后纵梁更换，两侧 B、C 柱内饰板更换，但柱体没有切割修复，综合评估，属于中等以上程度的事故车，后续处置只能批发，无法零售。

3. T 先生认可上述鉴定结果，双方经过协商，店里最终以 16 万元收购了这台车，后续又以 16.2 万元进行了批发处置，没有亏损。

4. 成交后，T 先生在店里的直播间频繁留言“捣乱”，谎称店里各种不靠谱，“套路”他，严重影响了店里在直播平台的口碑。

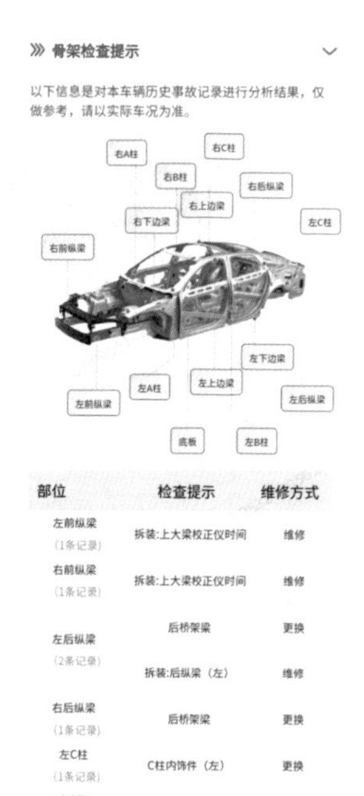

部位	检查提示	维修方式
左前纵梁（1条记录）	拆装:上大梁校正仪时间	维修
右前纵梁（1条记录）	拆装:上大梁校正仪时间	维修
左后纵梁（2条记录）	后桥架梁	更换
	拆装:后纵梁（左）	维修
右后纵梁（1条记录）	后桥架梁	更换
左C柱（1条记录）	C柱内饰件（左）	更换
左B柱（1条记录）	B柱内饰件（左）	更换
右B柱（1条记录）	B柱内饰件（右）	更换

图 4 车辆事故维修项目

胖哥实战分析

1. 二手车评估师要具备“由外而内”的检测想象力，根据案例车的外观损伤部位和程度判断，可以确定“结构件损伤”是极大概率事件，要有信心，不必在“拆不拆密封胶条”上纠结，避免被 T 先生这样“别有用心”的客户抓住把柄。

2. 检测车况时，要杜绝“暴力操作”，严格遵守操作流程和标准，不能像很多车贩子一样“拆得乱七八糟，装得马马虎虎”，否则必然会给客户留下不专业、不负责任的印象，影响后续沟通效果。

3. 受客观条件限制时，要善于进行“逻辑推理”，避开难以操作和可能引发纠纷的检测点，根据怀疑点和已经掌握的证据，推断出相对容易操作、能快速得出结果的关键检测点。针对案例车，既然怀疑有严重的结构件损伤，密封胶条状态就是相对容易把握的关键检测点，根据案例车密封胶条“安装牢固”且“像新换的”，就可以初步判断可能是“为维修相关重要部件而进行过拆卸和更换”。此外，结构件损伤大概率是严重碰撞事故所致，而严重碰撞事故又大概率会导致安全气囊弹出，因此安全气囊状态也是关键检测点。

4. T 先生“咬定”主播报价不放，不断施压，显然是“心怀鬼胎”。针对“表现异常”的客户，店端先要厘清应对思路，不要被“牵着鼻子走”，避免进入他们的“预设轨道”，陷于被动局面。

5. 进行评估检测前，要明确告知客户可能拆装哪些部件，以及相关的风险和责任，现场签订评估委托书。如果客户不同意拆或不愿签委托书，就坚决不检测、不报价，尤其是像案例车这样隐患重重的大里程老旧豪华车。

更优处置建议

严格规范直播中的报价表达，尽量采取区间报价形式，明确说明进行实车检测后可能调整报价，避免被抓住把柄，引发舆情。针对案例情况，在已经成交的情况下，T 先生仍然在直播间无理取闹、恶意抹黑，B 店应当据理力争，不能畏首畏尾，完全可以在直播中摆明证据、讲明原委，号召粉丝们帮忙评理，只要节奏和方式把握得当，肯定不至于“被动挨打”，甚至能达成引流和提升口碑的效果。

举一反三思考

1. 案例车更换了B、C柱的内饰板，但没有切割修复B、C柱，这种修复方式符合常理吗？存在“超额维修”或“事故替换”的可能性吗？

2. 案例车右前部损伤严重，左前部正常，为什么左前纵梁有校正？是否存在车损误判的可能性？是否存在出险记录错误的可能性？

3. 面对客户在直播间无理取闹、恶意抹黑等“网络暴力”问题，店端应当如何处置？如何合理合法维护自身权益？

案例 5.2

隐瞒事故为逼单，急于成交漏检测

图 1　案例车

车况速览

年款型号：2022 款 特斯拉 Model 3 后轮驱动版（图 1）

生产日期：2022 年 1 月　　登记日期：2022 年 3 月

行驶里程：2.6 万公里　　车身 / 内饰颜色：黑 / 米

使用性质：个人非营运　　获得方式：购买

过户次数：0

案例来龙去脉

X 先生到 L 店准备出售一台特斯拉 Model 3，自述车况非常好，来店前在 4S 店询价是 16 万元，在另一家二手车商询价是 17.5 万元，都低于预期，L 店如果能给高一些，可以马上签约过户。

店内二手车评估师对这台车进行初步检测，发现前保险杠有更换痕迹，但整体损伤不大，由于车身贴着透明车衣，无法判断覆盖件是否有损伤，包括 A、B、C 柱在内的主要结构件都正常，动力电池使用情况正常，维保和出险记录基本正常，但有半年断缴交强险和商业险（图 2）。

交强险当前在保	否
交强险是否连续投保	否
交强险最长单次断缴时间	半年以上
商业险当前在保	否
商业险是否连续投保	否
商业险最长单次断缴时间	半年以上
车船税代缴情况	否

已结案事故报告 共1条

2022年三季度

理赔记录1

损失金额：	约1000
案件状态：	已结案

维修项目（1条记录）	维修方式	件数
事故油漆拆装喷漆	维修	1

特斯拉中国

新车购置价:28.67万 初登日期 2022-04-01

车身颜色 - 排放标准 其他

车辆重点检查 正常 异常

全损 涉水 过火 盗抢

重要信息提示 正常 异常

骨架记录 发动机 变速箱

安全带 安全气囊 营运记录

未结案件 大额车损 打包录入记录

图 2 车辆出险记录

双方交流过程中，X 先生“恰好接到”另一家车商的电话，对方说可以 18 万元收购，现在把车开过去就能签约办手续。评估师和采购员见状，难免有些着急，生怕被“截胡”，X 先生顺势“逼单”，要求店里赶紧给一个靠谱的报价，再犹豫就算了，除了打电话的这家车商，还有好几家“抢着”要这台车。

按照公司的收购流程，初检后必须上架复检，尤其是新能源车，但此时举升机被其他车占用，要等至少 30 分钟，X 先生又一再催促，佯装离店。评估师只能先趴在地上大概检查了一下底盘，感觉问题不大就没有上架。

最终，双方以 17.6 万元的价格成交，X 先生强调由于新车等着用指标，要立即过户，钱款两清。

案例处置过程和结果

1. 完成收购后，L 店对这台车进行了整备翻新，进行了短距离路试和充电测试，确认都没有问题，并且再次核验了维保和出险记录。随后预约了第三方检测机构检测，由于要排队等待 3 天以上，怕耽误销售，先安排信息上架。

2. 鉴于二手新能源车行情频繁波动，特斯拉新车又一再降价，L 店决定采取薄利快销策略，其他车商的同年款车源标价普遍在 19.5 万元左右，这台车一口价 18.8 万元。信息上架后第二天就来了 3 批客户商谈。

3. L 店将这台车以 18.8 万元卖给了客户 B，同时附赠充电礼包，销售合同中写明“无重大事故、无火烧、无水泡，最终车况以第三方检测机构报告为准”，客户 B 交了 2 万元定金。

4. 三天后，第三方检测报告出炉，认定两侧后翼子板有钣喷，而且修整面积较大，采用了“金属铁腻子”技术，同时减振器支座也有修整痕迹。尽管不算结构性损伤，但车况只能认定为 B 级。

5. 由于特斯拉 Model 3 采用后驱布局，且后地板总成采用一体化压铸工艺，严重的后部碰撞事故可能导致行驶跑偏或操控异常，存在安全隐患。为避免风险，L 店将检测结果和相关隐患第一时间告知了客户 B，表示后者如果仍然愿意购买，可以适当降价。

6. 客户 B 表示降到 17 万元可以接受，L 店收购部门和销售经理都认为这是“趁火打劫”。双方协商后，客户 B 给 L 店留出半天“运作期”，后者尝试批发或再零售，如果有更高出价，就退还定金。

7. 半天时间里，L 店先后进行了拍卖试价和同行询价，最高报价只有 16.7 万元，而且还存在调价可能。

8. 考虑到库存成本，以及特斯拉新车和竞品降价风险，L 店最终把车以 17 万元卖给了客户 B，亏损 6000 元。

胖哥实战分析

1. 尽管有“客户催、同行挤、时间紧”等客观原因，但L店二手车评估师没有严格执行检测流程，仍然是导致后续议价被动和亏损的主要原因。有鉴于此，店端一定要重视上架/底盘检测环节，尤其是对新能源车，最好预留随时能用的专用举升机工位。此外，还要加强与第三方检测机构的合作，减少信息延迟。

2. 案例车两侧后翼子板有大面积钣金，显然是后部碰撞事故所致。由于车身后部其他重要部位没有损伤修复痕迹，加之路试没有异常，基本可以断定事故损伤程度属于中等偏小，折价幅度不会很大。尽管如此，后续无论批发还是零售，相关情况都必须如实告知买家，否则后患无穷，得不偿失。

3. 案例车出险记录中有“半年断缴交强险”的提示，由此可以推测存在大事故外修（非4S店渠道）的可能，L店评估师显然经验不足，忽视了这条关键信息。

更优处置建议

1. 与客户B沟通时，让对方先出价显然会陷于被动局面，应当主动表示，如果对方仍然愿意购买，可以降价1万元；如果不愿意购买，看中店里其他车，定金可以直接转，另外附赠双重礼包，实在没有其他中意的车，可以直接退定金。给对方1到2天时间考虑，换言之，就是给自己留出1到2天时间运作，不要急于议价。注意，如果客户B选择直接退定金，要签订书面协议，说明是因交付车况变化解约。

2. 利用至少1天时间，在2到3个拍卖平台试拍，或者进行实车现场拍卖，只要有超过17.8万元的出价，就迅速推进成交。

3. 假设拍卖没有理想出价，只能继续与客户B协商，要争取以更符合市场行情价的17.3万元为底线，尽量减少损失，可以附赠1000元充电卡。

4. 如果案例车最终以17.3万元成交，表面看是小亏3000元，但实际上，计算房租、人员、资金、过户、整备、广告等成本后，亏损可能超过8000元，必须引以为戒，除对当事业务人员进行必要处罚外，关键是完善流程监管机制。

5. 与律师或公司法务协商，向存在“故意欺诈”嫌疑的原车主X先生追偿损失。如果律师费和诉讼费远超潜在收益，建议采取律师函通知方式，尽量通过低成本施压让原车主X先生赔偿部分损失。

举一反三思考

1. 针对这个案例，如果你是L店老板，你认为哪些员工要承担责任？分别承担多少比例？

2. 向原车主X先生追偿损失的过程中要注意哪些问题？

案例 5.3 零售标价水分大，用户投诉低收高卖

图 1　案例车

车况速览

年款型号：2021 款 奥迪 e-tron 50 quattro 臻选型（图 1）

生产日期：2021 年 8 月

登记日期：2022 年 8 月

行驶里程：1.6 万公里

车身 / 内饰颜色：蓝 / 黑

使用性质：个人非营运

获得方式：购买

过户次数：0

案例来龙去脉

S 先生是 A 店的忠诚客户，第一批购买了奥迪 e-tron，但新车交付后问题不断，在店里索赔更换过 1 次动力电池包，由于系统故障重新匹配了 2 次，此外还有多次大大小小的维修，累计在店维修时间很长。

为此，S 先生多次投诉，甚至要找媒体曝光，店里管理层无奈提出了“高价收购旧车置换新车”的解决方案。经过店里二手车部门和新车销售部门的“软磨硬泡”，S 先生同意把旧车以 25 万元卖给店里，同时置换一台新车，双方签署了相关协议。

交付旧车当天，S 先生在 A 店展厅的二手车零售区闲逛时，无意中看到一台与自己的车同年款的官方认证二手车，标价 31.8 万元，当班二手车销售顾问还热情地介绍说，这台认证二手车因为是“厂家租赁公司淘汰的”，所以标价比市场行情价低，还有分期免息等支持政策，非常划算。

S 先生了解上述情况后非常气愤，径直找到二手车部门理论，说租赁公司淘汰的车都能卖 31 万元，自己的车刚开了 1.6 万公里，没有任何事故，为什么只能卖 25 万元，更何况车出了这么多问题自己都没有过分计较，还同意在店里置换新车，店里的所作所为太让人失望了，这是明显的欺诈。

随后，S 先生坚决表示，不仅不会再置换，还要请律师起诉，要求店里“退一赔三”并公开道歉。

当事新车销售顾问也很生气，说 S 先生是自己维护多年的客户，二手车部门这样处理太过分。新车销售经理甚至为此和二手车经理争吵起来，店总不得不出面调和。

案例处置过程和结果

1. 新车销售部门认为这件事与本部门没有直接关系，是当班二手车销售顾问“捅的娄子”，理应由二手车部门负责与 S 先生沟通，而二手车经理由于经验不足，只能求助于店总。

2. 店总本着息事宁人的原则，请 S 先生先提出预期解决方案，后者表示如果店里能以 30 万元收购这台车就既往不咎，否则就法庭上见。

3. 店总一时没有更好的解决思路，只能强制要求二手车部门以 30 万元收购了 S 先生的车。后续，经过 2 个月的渠道比价，二手车部门最终以 27 万元处置了这台车，直接亏损 3 万元。

4. 店总按集团规定对二手车部门进行了处罚，包括二手车经理在内的多个“责任人”都认为被冤枉，纷纷提出辞职，导致店里的二手车业务一度停摆。

胖哥实战分析

1. 目前，一些传统豪华品牌的纯电动车型都或多或少地存在“质量不稳定”的问题，“三电”系统出问题的并不少见，车机出问题更是“家常便饭”，4S店务必要做好应对相关客户抱怨和投诉的预案，尤其是对高净值客户和价格敏感客户。

2. 处理这类棘手问题，一定是先解决客户的情绪问题，再解决车的问题。先倾听客户诉求，不要打断客户的“情绪输出”，站在客户的角度表示理解，不要“东拉西扯”找借口，要有理有据地充分说明情况，提出解决方案。

更优处置建议

1. 先通过“价值拆解”来尽量让S先生接受“展示车比自己的车卖得贵”这个事实，基于案例情况，可能的理由包括：同年款但配置不同，有高价值选装配置；虽然是公户租赁，但使用性质仍然是非营运，和个人非营运车一样没有强制报废年限要求；整备翻新、电池质保、官方认证、贷款贴息都会产生一定成本，这些成本都会体现在售价里，最好能通过一些文件和施工单据佐证；这类豪华品牌二手纯电车型销售周期一般都比较长，“压库”也会产生成本；这类车标价通常会相对高一些，实际成交价一般在29万元左右，最好通过展示既往成交文件来佐证。

2. 在S先生情绪相对缓和的基础上，提出寄售方案，表示店里可以对案例车进行“免费”整备翻新，并且想办法补贴“认证二手车”，寄售时间1个月，标价29万~30万元，只要有意向买家，店里就会通知S先生，是否出售由S先生决定，正常情况成交后应当收取售车款的3%作为佣金，出于对S先生的照顾，只收取2%，主要是抵偿税费和基本成本，店里并不赚钱，如果1个月后没有卖出去，店里保证以不低于25万元的价格收购。

3. 谈判中要注意，一定是新车销售部门“站在”S先生的角度，不断“挤兑”二手车部门，而二手车部门千万不要试图用案例车曾经频繁维修这段往事来“压价”，一方面，这肯定会让S先生更加反感，另一方面，这是店里或者说店里与厂家的“内部问题”，与S先生无关，不要再节外生枝。

举一反三思考

1. 很多时候，4S店的二手车部门都是为产品质量问题给新车销售部门和售后部门“背锅”，不得不“高价收购”，但“受惠”的部门往往是不仅不“知恩图报”，还觉得二手车部门“赚昧心钱”，这个问题应当如何解决?

2. 二手车零售，尤其是店端零售，收购价和销售价分别应当如何确定? 如何向客户展示?

3. 针对二手新能源车残值低、贬值快的特点，在本品收购业务中，怎样避免让老客户“寒心”? 采取什么方式更有利于提高客户满意度?

案例
5.4

车况模糊埋隐患，原价回购亏损大

图 1　案例车

车况速览

年款型号：2017 款 奔驰 GLE 320（图 1）

生产日期：2017 年 5 月　　登记日期：2018 年 1 月

行驶里程：9.5 万公里　　车身 / 内饰颜色：白 / 黑

使用性质：个人非营运　　获得方式：购买

过户次数：0

案例来龙去脉

F 女士在 B 店以 32 万元的价格购买了一台二手奔驰 GLE 320。

4 个月后，F 女士突然回店要求原价退车，据她叙述，在她准备出售这台车时，有意向车商查询了出险记录，发现有严重的前部碰撞事故，存在结构性损伤，理赔金额高达 22 万元（图 2），而她对此完全不知情，与店里签订的销售合同上只写了“保证车辆无泡水、无火烧、无气囊更换”（图 3），没有说明发生过前部事故，因此她认为店里是故意隐瞒车况，属于欺诈行为。

由于与店里初步协商未果，F 女士随后联系了某媒体进店曝光维权。

图 2　车辆结构性损伤记录示意

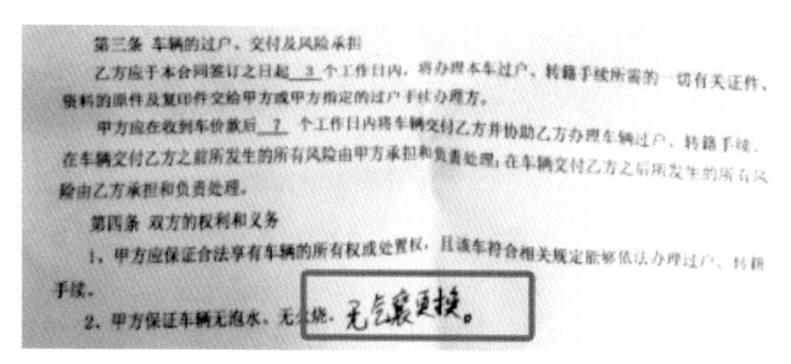

第三条 车辆的过户、交付及风险承担

乙方应于本合同签订之日起 3 个工作日内，将办理本车过户、转籍手续所需的一切有关证件、资料的原件及复印件交给甲方或甲方指定的过户手续办理方。

甲方应在收到车价款后 7 个工作日内将车辆交付乙方并协助乙方办理车辆过户、转籍手续。在车辆交付乙方之前所发生的所有风险由甲方承担和负责处理；在车辆交付乙方之后所发生的所有风险由乙方承担和负责处理。

第四条 双方的权利和义务

1、甲方应保证合法享有车辆的所有权或处置权，且该车符合相关规定能够依法办理过户、转籍手续。

2、甲方保证车辆无泡水、无[illegible]烧。无气囊更换。

图 3　销售合同中关于车况的说明

案例处置过程和结果

1. 店里核查了这台车的情况，确认收购来源是本店新车置换，收购时评估的车况是：前保险杠及附件更换，右前照灯更换，发动机舱盖更换，右前翼子板喷漆，左前门更换，方向机更换，左前减振器更换，变速器油底壳更换，但维保记录与实际维修情况不符。

2. 根据上述情况，二手车部门邀约F女士再次来店协商。当事二手车销售顾问表示，签订销售合同前口头告知了F女士具体车况，但F女士并不认可，店里也没有任何文字和录音证据能证明已经尽到告知义务。双方又当场查验了合同原件和相关手续文件，发现确实没有具体写明车况，维保和出险记录上也没有F女士签字，显然是当事销售顾问没有按规定执行流程，相关负责人也没有尽到审核责任。

3. 店里管理层经过反复商议并报请集团领导批示，最终同意了F女士的诉求，以32万元回购了这台车。为避免舆情扩大，还请F女士签署了一份声明，说明这起事件已经解决，不再追究任何相关责任，也不再让媒体牵涉其中。

4. 后续，店里以21万元处置了这台车，直接亏损11万元。集团按规定对店总和二手车部门都进行了严厉处罚。

胖哥实战分析

1. B店二手车销售顾问可能存在故意“模糊描述车况”或“避重就轻描述车况”的问题，也可能纯粹是专业能力不足和信息不对称导致了这起“业务事故”，但无论如何，他都要为流程执行不到位、合同内容不规范承担责任。

2. 店端二手车部门要做好已收购车辆的信息归档工作，初复检/评估报告、维保和出险记录应作为一体化资料存档，同时确保内容真实、全面、准确，并且随时可以调取查阅。

3. 店端全体业务人员，包括新车销售顾问、售后服务顾问和客服专员，都要持续学习和扎实掌握一定的二手车知识，人力资源部门要做好相关培训计划和考核监督机制的制订工作，这会成为店端未来的核心竞争力之一。

更优处置建议

一方面，要对存在行为不规范问题的当事业务和管理人员进行严肃处理，同时加强相关培训；另一方面，在有媒体介入的情况下，要保持情绪稳定平和，有礼有节应对，同时尽可能引导客户进入洽谈室/会议室单独协商，避免舆情升级。如果事态急剧恶化，要及时主动联系相关行政管理部门介入，同时向集团上级汇报。

举一反三思考

对于二手车经销企业和4S店二手车部门，如何有效杜绝二手车销售顾问为“冲业绩”而在车况描述上弄虚作假？如何在车辆交付前有效杜绝车况描述问题引发的纠纷？

案例 5.5 人亡事故车，记录露马脚

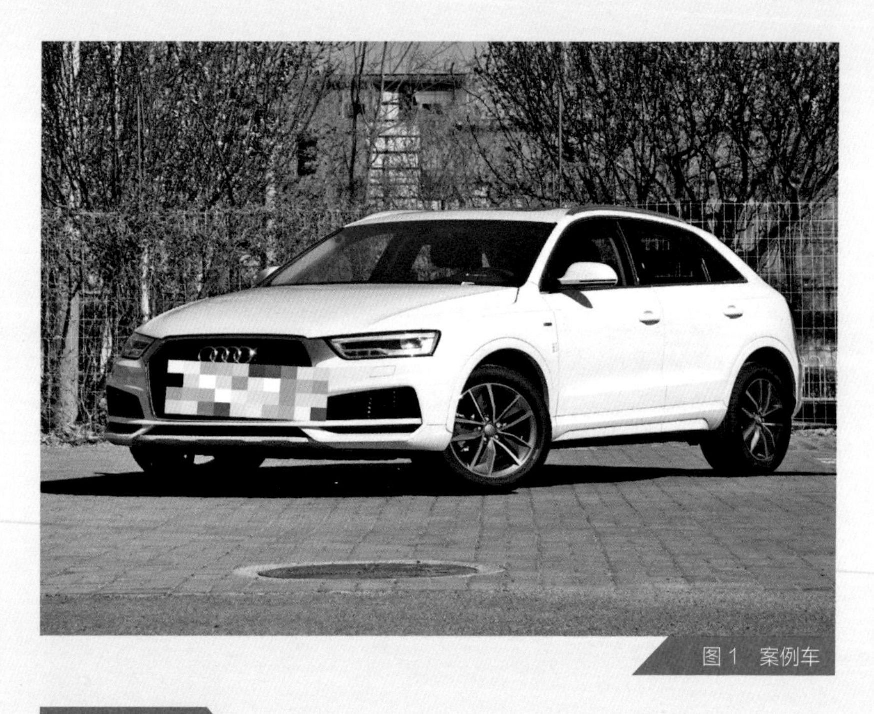

图 1 案例车

车况速览

年款型号：2018 款 奥迪 Q3 35TFSI 时尚型（图 1）

生产日期：2018 年 6 月

登记日期：2018 年 11 月

行驶里程：6 万公里

车身 / 内饰颜色：白 / 黑

使用性质：个人非营运

获得方式：购买

过户次数：0

案例来龙去脉

Z 先生到 A 店出售一台奥迪 Q3。店里二手车评估师对这台车进行了检测，发现前风窗玻璃、前照灯、前保险杠和散热格栅都有更换痕迹，车身覆盖件有一处补漆，整体车况良好，但出险记录显示有大额理赔，而且没有显示维修项目明细，显然存在疑点。

于是，评估师尝试与 Z 先生进一步沟通了解车况。Z 先生说只发生过一次追尾事故，换了一些配件，没什么大问题，而且一再表示可以低价出手，但要尽快签约，因为家里急等钱用，这更加深了评估师的怀疑。

随后，二手车经理介入沟通，明确告知 Z 先生，由于重大事故，尤其是人员伤亡事故，会严重影响二手车的价值，二手车买卖合同里都会备注是否存在这些情况，除此之外，欠款抵押、恶意诉讼等问题也会备注说明，这是为保障交易双方的合法权益，如果一方存在故意隐瞒的情况，就要承担违约责任，甚至涉嫌违法。

Z 先生听后慌了神，坦白说这台车有人亡事故，因此想尽快脱手，店里给一个差不多的价钱就可以。

案例处置过程和结果

1. 由于没有收购类似情况车的经验，缺乏折损比例参考，二手车部门咨询了几家专做事故车业务的车商，得知这类车没有明确的折损标准，而且绝大多数做品牌车零售的车商都不会收购。

2. 经过多方询价，考虑到没有“兜底”渠道，店里决定本着“安全第一”的原则按折损 50% 报价。

3. 由于 Z 先生觉得报价太低，店里最终没有收购这台车。后续，店里了解到 Z 先生以折损 70%的价格把这台车卖给了本地的一家车商。

胖哥实战分析

1. 有些涉及人员伤亡事故的车，自身损伤可能并不大，比如前部撞人，可能只会损伤前保险杠、发动机舱盖等覆盖件，按损伤程度和修换成本来看，并不算标准意义上的“事故车”（图 2）。

但如果人员伤势较重甚至死亡，这类车的保险就会产生大额理赔。这种情况下，有些车主会动“歪心思”，通过一些运作对出险记录“做手脚”，不显示或延迟显示维修项目明细。二手车评估师在鉴定时，可以通过比对

出险记录内容和实车维修情况来甄别。

2. 怀疑车辆涉及人员伤亡事故时，先与车主沟通，但注意不要直接质疑，可以像案例中的二手车经理一样，通过讲明隐瞒实情的后果来适度施压，引导车主说实话，也可以对一些疑点提问，通过车主的言行来判断和推测真实情况。如果与车主沟通后仍然存疑，应当想办法查阅车管部门内网的车辆电子档案，因为车辆涉及人员伤亡事故会取消免检，档案中会有备注。

图 2　人伤交通事故示意

3. 对于涉及人伤事故的车辆，通常要进行大范围询价才能确定相对合理的收购价。由于很多车商对这类车的报价可能会多次调整，一方面，务必先让“兜底”车商缴纳定金再与客户协商；另一方面，务必向客户说明报价只在当天有效。

4. 建议 4S 店二手车部门和正规经营的二手车经销商尽可能避免收购这类“事故车”。

更优处置建议

1. 车商对人伤事故车的报价通常非常“保守”，也就是会“大幅压价”，多方询价对报价的参考价值可能并不大，更何况照此核算出的报价多数客户也很难接受，因此应当尽量向客户推荐寄售或代拍服务，通过加长销售周期来降低客户心理预期，再通过拍卖平台或车商处置，降低风险。

2. 对任何二手车经销企业而言，在收购业务中都必须考虑“道德风险”，包括员工的和客户的，不要存在侥幸心理，不要因为“乐观估计人性”而背负商业甚至法律风险。在买卖合同，尤其是非置换、单独收购的买卖合同中，务必要有“追诉原车主故意欺诈”相关条款，字体最好加粗加大，并在签约前向客户特别说明。

举一反三思考

1. 针对涉及人员伤亡事故的二手车，以什么方式定价更合理？有哪些可供参考的数据模型和案例？议价时怎样降低车主的心理预期？

2. 针对案例车，如果没有维保和出险记录辅助判断，鉴定评估中应当怎样甄别是否涉及人员伤亡事故？

案例 5.6

零售老车隐患多，出现纠纷难处理

图 1　案例车

车况速览

年款型号：2014 款 保时捷 Panamera S E-Hybrid（图 1）

生产日期：2014 年 1 月

登记日期：2014 年 6 月

行驶里程：9.3 万公里

车身 / 内饰颜色：白 / 波尔多红

使用性质：个人非营运

获得方式：保有客户收购

过户次数：0

案例来龙去脉

X 先生经朋友介绍来到 B 店，准备买一台二手车，经过多次试车和谈判，最终选定了一台 2014 款保时捷 Panamera。

签约前，二手车销售顾问告知 X 先生，尽管这台车目前车况良好，但终归车龄较长、行驶里程较多，后续使用中难免会出现一些零部件老化导致的问题，建议他购买品牌官方延保服务，这样真出了问题有保障还省钱。但 X 先生表示这台车只打算开一段时间过渡，不想投入太多，因此没有购买。

一个月后，X 先生回店，抱怨说这台车有“烧机油”现象，只跑了 3000 公里车机就提示“机油量少”。店里的维修技师检测后告知 X 先生，这台车搭载的机械增压发动机普遍存在“机油消耗量大”的问题，到了一定年限或里程会更明显，不属于故障，可以放心使用。随后，维修技师免费帮 X 先生添加了机油。服务顾问又告知 X 先生，后续如果问题加剧，可以回店先购买延保服务，再申请维修，这样更划算。X 先生满意离店。

过了几天，X 先生再次回店，表现得非常气愤，说前几天在一家维修店做保养，店里维修师傅检查后告诉他，这台车的发动机的一缸和三缸存在“拉缸”现象，这是导致“烧机油”的根本原因，要通过大修发动机来解决，费用要四五万元。X 先生认为店里故意隐瞒了“故障”，属于欺诈行为，要求原款退车。

案例处置过程和结果

1. 售后部门与 X 先生沟通，表示如果在店里大修发动机，算上正常优惠，费用大概在 2 万元左右，用不了四五万元，店里还可以适当赠送一些项目。

2. 二手车部门与 X 先生沟通，表示销售过程中已经告知由于车龄问题可能存在故障隐患，买卖合同里也有相关备注，况且这型发动机本来就存在“机油消耗量大”的问题，店里并没有隐瞒故障，如果 X 先生不愿意继续使用，店里可以按当初销售价的 70% 回购，X 先生没有接受。

3. 几轮沟通无果后，X 先生向厂家投诉，厂家要求店里在 10 天内给出解决方案。

胖哥实战分析

1. 年限长、里程多的二手车都或多或少存在一些“隐性问题”，店端在收购和处置前都要倍加小心，充分利用仪器设备和工具，严格进行全面系统检测。如果收购时判定“故障风险”较大，后续就不要零售，尽可能避免纠纷。如果为完成任务确实需要零售，一方面可以通过让利策略，引导客户尽量购买延保服务，另一方面要在合同中尽可能全面且详细地备注“隐患”和“风险”，明确约定责任。

2. 实践中，店端二手车评估师往往只关注车身外观件和结构件，以及一些显性的机械和电气故障，对发动机、变速器等复杂部件的“隐患”重视不足，显著增加了售后风险。像案例车的“拉缸”问题，由于是六缸发动机，怠速状态和一般路试中，仅凭“看”和“听”是很难发现的，必须通过内窥镜检查。

3. 本品官方认证二手车与非官方认证二手车在保障政策和服务标准上存在差异，这一点要在销售过程中明确告知客户，避免误解。

4. 对于“纠纷车”，排除存在“道德风险”的情况，店端的处理思路一般是按合同和交接单约定坚持不退车，这虽然“合理”但并不“合情”，毕竟站在一般客户的角度，出现这种问题都会产生“烦恼”“无助”的情绪，店端在应对时还是要换位思考，多一分理解。

更优处置建议

虽然B店二手车销售顾问履行了售前告知责任，但追究起来还是没有做好售前的“隐患排查”工作才导致了这起纠纷，并不是X先生“无理取闹”。因此，谈判中要给予X先生充分理解，在建议他购买延保服务的基础上，鉴于案例车需要在店里补充保险延保才能生效，可以提出由店里承担保险费用，并承诺后续如果因为“拉缸”引发故障需要维修，店里可以给予一定工时优惠。

举一反三思考

1. 对于二手车经销企业，怎样通过优化收购检测体系和流程，来尽可能彻底地发现和排除车辆的故障隐患？

2. 面对客户因车辆“隐性故障”爆发而返店维权，如何利用合同单据等材料进行有效沟通？

案例 5.7

合法合规采购豪车，资产冻结过户遇阻

图 1　案例车

车况速览

年款型号：2018 款 劳斯莱斯库里南 4 座版（图 1）

生产日期：2020 年 7 月　　登记日期：2021 年 9 月

行驶里程：4.2 万公里　　车身颜色：白

使用性质：公司非营运　　获得方式：购买

过户次数：0

案例来龙去脉

二手车经销公司 A 收购了一台 X 公司名下的 2018 款劳斯莱斯库里南，同年款车正常行情价超过 500 万元，这台车由于里程较多，而且是外地户，成交价只有 450 万元。

二手车经销公司 A 的收购主管经验丰富，担心这台车有产权纠纷，因此要求 X 公司在当地即刻过户。在有中间人担保的情况下，X 公司痛快地提供了机动车登记证书、营业执照、法人授权书、财务委托人书等必要手续文件（图 2），双方成交当日就顺利完成过户，车款采用公对公形式支付。

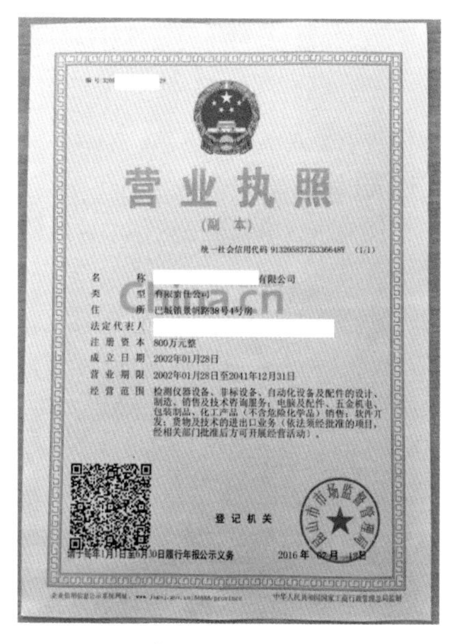

营业执照

（副本）

统一社会信用代码 91320583735336648Y （1/1）

名　　称　有限公司

类　　型　有限责任公司

住　　所　巴城镇景树路38号4号房

法定代表人

注册资本　800万元整

成立日期　2002年01月28日

营业期限　2002年01月28日至2041年12月31日

经营范围　检测仪器设备、非标设备、自动化设备及配件的设计、制造、销售及技术咨询服务；电脑及配件、五金机电、包装制品、化工产品（不含危险化学品）销售；软件开发；货物及技术的进出口业务（依法须经批准的项目，经相关部门批准后方可开展经营活动）。

登记机关

请于每年1月1日至6月30日履行年报公示义务

2016年 02月 12日

图 2　“三证合一”后的营业执照

三天后，车管部门电子档案显示，这台车已经过户到二手车经销公司 A 名下。

二手车经销公司 A 对这台车进行必要的整备翻新后上架销售，由于行情不好，库存了 3 个多月，最终以 480 万元的价格卖给了 Z 先生。

双方约定，Z 先生在过户前先支付部分车款，过户后再支付尾款。然而，在办理过户手续时，二手车经销公司 A 的销售人员发现这台车刚刚被申请资产冻结，无法过户（图 3）。

文书正文

审理法院：上海市青浦区人民法院
文书类型：民事裁定书
案　　号：（2023）沪[illegible]民初[illegible]号

案件结果

本院经审查认为，申请人的申请符合法律规定，依照《中华人民共和国民事诉讼法》第一百条、第一百零二条、第一百零三条第一款规定，裁定如下：

查封、冻结被申请人[illegible]、[illegible]名下价值6,209,355.73元的财产。

查封、冻结被申请人[illegible]、被申请人[illegible]、被申请人[illegible]名下价值334,278.34元的财产。

本裁定立即开始执行。

图 3　申请资产冻结内容示意

经过咨询车管部门和相关联系人，二手车经销公司 A 了解到，这台车无法过户的原因是 X 公司的股东 B 与股东 C 因经济纠纷相互起诉，股东 B 以对这台车的交易不知情为由，申请了资产冻结，尽管这台车已经合法归属于二手车经销公司 A，但由于是异地过户，新旧“户籍”两地的行政管理部门之间存在协调问题，仍然无法过户。

于是，二手车经销公司 A 第一时间与 Z 先生协商，Z 先生很讲道理，表示能理解，不会要违约金，只要换一台车或退定金就可以。

安抚完 Z 先生后，二手车经销公司 A 还要面对与 X 公司的协调问题，毕竟这台车无法过户就会一直“压库”，产生各种成本。二手车经销公司 A 通过 X 公司股东 B 了解到，这台车是股东 C 私自出售的，车款也被他转到个人账户，目前他已经出国，车款无法追回。股东 B 认为这台车的售价明显低于行情价，要解决过户问题就必须重新议价，为此还出具了一份第三方价值证明（虽然不正规但做了公证）。

案例处置过程和结果

1. X 公司持续缴纳资产冻结费，甚至扬言以“低价买车涉嫌与股东 C 共谋诈骗销赃”为由起诉二手车经销公司 A。

2. 双方进一步沟通后，X 公司表示可以回购这台车，但只能出价 300 万元。

3. 二手车经销公司 A 强调这台车已经合法合规办理完过户手续，股东纠纷是 X 公司的内部问题，于法于理都不该牵扯自己，况且股东 B 出具的第三方价值证明不符合专业标准，尽管做过公证，也不能作为裁定这台车价值的依据。

4. 双方始终无法达成共识，一直处于僵持状态，导致二手车经销公司A每个月都要支出车辆停放、维护等费用，公司负责人不胜其烦。

胖哥实战分析

1. 梳理案例双方的交易流程，在手续、付款、交付等方面都合法合规，包括为付款到“指定账户”而开具财务委托书和法人授权书，都是很标准的操作。因此，可以断定二手车经销公司A属于无过错方。

2. X公司的股东经济纠纷显然与二手车经销公司A无关，以案例车“低于市场价格出售”为由申请资产冻结在证据上并不合理，大概率是股东B一方的律师出的“馊主意”，靠个人关系运作立案，借此向二手车经销公司A施压。

3. 案例车收购价450万元，每个月的商业贷款和库存成本至少有5万元，之前库存3个月就已经达到盈亏平衡点，再僵持下去只会导致亏损不断增加，必须通过法律手段和关系运作“双管齐下”，尽快解决资产冻结问题。

更优处置建议

1. 鉴于X公司在当地的品牌口碑良好且影响力大，对公司的声誉必然极为重视，二手车经销公司A应当本着“先礼后兵”的原则进行沟通协商，尽量委托中间人调和，同时提供相关证据，请对方撤销资产冻结。

2. X公司显然不希望让股东纠纷这种“家丑”外扬，假如有媒体曝光，产生的损失必然远大于案例车的价值，二手车经销公司A可以抓住这一点施压，同时还可以在法律上进行反制，以“涉嫌车辆交易诈骗”为由，申请冻结X公司的部分资产，尽管胜诉概率不高，自己也要付出一定成本，但“威慑效果”强。

3. 在X公司愿意坐下来平等谈判的前提下，二手车经销公司A可以提出继续销售案例车，所得车款如果超过450万元，则超出部分的30%作为给X公司的“情感补偿”，同时双方联合以“涉嫌商业欺诈”为由起诉股东C，并申请冻结其个人资产。这种处置方式相对合情合理。

举一反三思考

1. 二手车经销企业采购公司名下车辆时，要遵循什么流程？把控哪些节点？注意哪些细节？

2. 如果二手车经销公司 A 直接将车款打到股东 C 的个人账户，会导致哪些问题和风险？

3. 二手车经销企业有必要聘请法律顾问或设置专职法务人员吗？如果有必要，为这类岗位付出多少成本相对合适？怎样制订这类岗位的职责和绩效考核机制？

案例 5.8

夫妻共同财产，一方卖完一方抢

图 1　案例车

车况速览

年款型号：2021 款 比亚迪唐新能源 DM-i 112KM 尊贵型（图 1）

生产日期：2021 年 12 月

登记日期：2022 年 1 月

行驶里程：1.6 万公里

车身 / 内饰颜色：红 / 黑

使用性质：个人非营运

获得方式：购买

过户次数：0

案例来龙去脉

H女士来到B店，表示准备用一台比亚迪唐置换新车，但要先卖旧车凑齐了钱再买新车。当天，H女士还约了某二手车电商平台的评估师到店一起验车，打算店里和平台谁报价高就卖给谁。店里的二手车评估师检测后认为车况良好，查验各项手续和记录也都齐全正常。由于平台评估师表示要回去核算价格，店里与H女士约定等平台有了报价再联系。

第二天，店里二手车部门主动联系H女士，对方说平台保底报价14.3万元，但她预期是15万元，因此正在犹豫。二手车部门考虑车况良好，里程不多，而且大概率能促成新车销售，与H女士协商后，以14.8万元成交。双方当场签订合同后，店里向H女士支付了车款。

这台车有一个特殊情况，就是装有残疾人驾驶辅助装置，必须到车管部门拆除后才能办理过户手续，签约当天时间已经来不及，因此店里与H女士约定，先把车开回店里，H女士第二天带上过户要用的身份证再来店。

次日，H女士到店把身份证交给办事人员后，说还有其他事要办，让办事人员自行去车管部门办理后续手续。办事人员在驾车前往车管部门途中突发状况，一个自称H女士丈夫的残疾人（W先生）拦下车，说这台车是夫妻共同财产，他不同意卖，随后坐在车上就不走了。

办事人员向W先生出示了合同、付款凭证等，表示已经和H女士完成交易，但对方无动于衷，甚至要起无赖，坚称不让过户，不许开走。

办事人员联系H女士解决，但后者说正在很远的地方办事，赶不过来。无奈之下，办事人员只能报警。警察到场后，了解了事情原委，明确告知W先生的行为涉嫌侵占他人财产，但W先生仍然不为所动。警察由于顾虑W先生是残疾人，没有采取强制措施，告知办事人员这件事属于经济纠纷，警方无法介入，建议双方协商解决或者提起民事诉讼，随后离去。

双方又僵持了一会儿，由于W先生要强行把车开走，办事人员只好再次报警，警察再次到场，说由于这台车还在H女士名下，而H女士的户籍在另一个区，他们无权管辖，让办事人员去H女士的户籍所在区协商解决。最终，W先生还是把车开走了。

案例处置过程和结果

1. 店里二手车部门会同财务部门人员一同赶到H女士家里协商，表示现在的状况无法调和，店里决定终止交易，请H女士退回车款。H女士表示交易已经完成，不可能退款，这台车是她的私人财产，她可以处理。但拖了几天后，事情毫无进展。

2. 面对很可能“车款两空”的局面，店里第三次报警，辖区警察到场后，依然认定是经济纠纷，只能双方协商处理，如果僵持不下，建议店里起诉 H 女士追回车款。

3. 在警方的协调下，交管部门暂扣了这台车。同时，店里聘请律师起诉了 H 女士，法院判决 H 女士限期退还车款。

4. 半年后，由于 H 女士拒不履行判决，店里向法院申请强制执行。法院通过司法拍卖处置了这台车，拍卖价比店里的收购价低了 5 万元。最终，加上律师费等成本，店里因为这起事件整体损失 8 万元，教训非常惨痛。

胖哥实战分析

1. 针对“夫妻共同财产”问题，如果案例车是 H 女士和 W 先生婚后所得，那么就属于“夫妻共同财产”，H 女士是不能擅自交易的，交易时需要夫妻双方共同签字确认。B 店二手车业务人员在这个问题的处理上显然存在疏漏，交易前必须确认客户的婚姻状态，如果是已婚，最好要求夫妻共同到场签字确认，一方确实无法到场的情况下，至少要签订委托书，尽可能避免法律纠纷。

2. B 店与 H 女士签约并付款后，尽管还没有过户，但从物权法的角度看，案例车的物权已经归属于 B 店，W 先生强行把车开走，于法于理都说不通。

3. 针对 W 先生这种“软硬不吃”的无赖，处置的基本原则是不要挑起冲突，避免情绪化，最好静观其变，用合法合规的手段维护自己的权益。

更优处置建议

1. 在警方没能协调让 H 女士退回车款的情况下，B 店应当第一时间联系律师，向有关部门申请冻结 H 女士的部分资产或银行账户，避免她转移财产导致后续执行难的问题。

2. 为避免类似情况再次发生，二手车收购合同中有必要增加关于“财产纠纷导致损失”的条款，此外，为尽可能降低不过户问题导致的损失，最好约定车款分两笔在过户前后支付，过户前支付比例不要高于 70%。

举一反三思考

1. 导致这起事件的原因，是否有可能是H女士签约后又有车商报了更高的价格，导致H女士反悔，于是与丈夫W先生演了一出“双簧”呢?

2. 如果你是B店的办事人员，面对W先生无理取闹强行开车，H女士不出面解决的情况，会怎样处理?

3. 二手车经销企业怎样通过优化流程和手续合同来避免“夫妻财产纠纷”导致的问题?

案例 5.9

配置偏差惹争议，店端失察风险大

图 1　案例车

车况速览

年款型号：2007 款 大众途锐 3.6 自动豪华型（图 1）

生产日期：2007 年 8 月　　登记日期：2007 年 11 月

行驶里程：40 万公里　　车身 / 内饰颜色：黑 / 黑

使用性质：个人非营运　　获得方式：购买

过户次数：0

案例来龙去脉

T 先生来到 B 店准备用一台大众途锐置换新车。由于新车交付周期长，店里的二手车评估师先对这台车进行了初步检测，给出了 2 万 ~3 万元的参考价格，并且明确告知 T 先生，等新车到店时，如果行情和车况有变化还会调整报价。

2 个月后，新车到店，T 先生再次来店并交付旧车，评估师进行了二次评估，确认没有新增修复痕迹，行驶里程多了 300 公里，属于正常范围。随后，评估师以市场行情波动为由报价 1.8 万元，T 先生爽快地答应了。

后续，店里经过多平台比价，通过拍卖平台 A 把这台车卖给了外地车商 C，成交价 2.2 万元。车商 C 没到店验车就直接用板车把这台车运回了当地。

过了几天，车商 C 突然联系店里，说这台车的配置有问题，平台 A 当初在拍卖页面标注的配置级别是“豪华型”，应该有前排双安全气囊和空气弹簧，而这台车并没有这两项配置，应该属于“标配型”（图 2）。

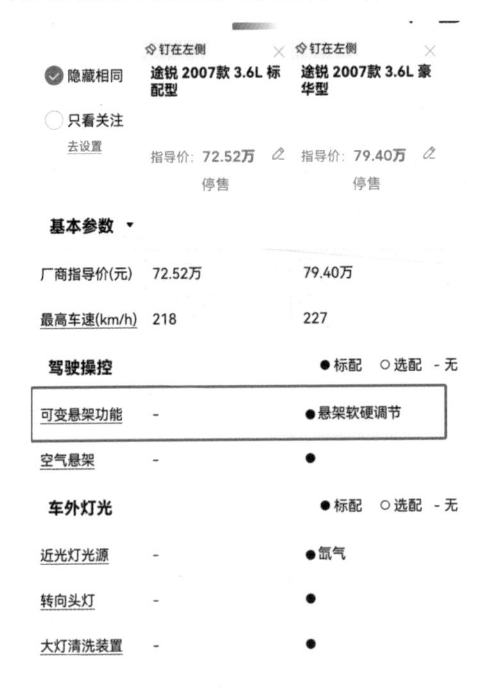

图 2　车辆配置差异

车商C一口咬定是店里和平台A在车况描述上“弄虚作假”，要求店里补偿1万元，否则就拖着不过户。由于平台A的质检评估师确实没有发现配置问题，店里的评估师也没有拍照存档，双方一时都无计可施。

平台A以“罚扣2000元不过户违约金”向车商C施压，后者表示无所谓，大不了以后不再合作。店里与T先生签订的合同约定是30天内过户，但事情拖了1个多月还没有解决，由于不断收到违章通知和续保通知短信，T先生非常着急，担心有法律风险，每天打电话催促。

案例处置过程和结果

1. 店里考虑到这台车价值不高，为避免节外生枝，与车商C协商原价退车，而车商C要求平台A返还拍卖佣金500元，店里补偿整备费2000元。

2. 店里财务部门要求先返车再退款，而车商C要求先退款再返车。最终店里妥协，派人到车商C所在地处理，经过与平台A协商，三方约定，平台A向车商C返还500元拍卖佣金，店里向车商C补偿1500元整备费。算上差旅费1000元和拖车费1000元，店里至此亏损了3500元。

3. 店里把这台车拖回后，二手车部门迅速进行二次处置，以1.5万元卖给了本地车商并及时过户，最终累计亏损6500元。

4. 集团审计时发现这台车的亏损比例超过采购成本的30%，并且二次处置时没有按要求拍卖比价，认定属于严重工作失误，对店里进行了通报批评和处罚。

胖哥实战分析

1. 有些二手车评估师专业知识储备不足且工作不认真，顾了车况就不顾手续，对于不同品牌、年款的车型要着重看什么手续完全没有概念。

2. 即使原车主T先生存在谎报配置的“主观故意”，B店也只能“友好协商”，很难从法律上追究他的违约责任。

3. 有些拍卖平台的评估师会故意“低车高评”，通过“抬高”或“模糊”描述配置和车况来促成交易。如果成交后买方投诉甚至坚持不过户，平台就以各种理由推脱，能拖就拖，最终导致卖方把怨气都撒到店端，还要由店端来解决。

4. 针对拍卖，尤其是外地车商中标的情况，店端和拍卖平台一定要向车商讲明“车况以提车现车况为准，提走不议”或者增加第三方检测报告，避免“扯皮”。

5. 针对案例，不排除车商 C 觉得拍价高了，故意拖延不过户，拿配置问题来“找补”，这也是一些“不规矩”的二手车商的惯用伎俩。

更优处置建议

1. B 店二手车评估师应当与原车主 T 先生沟通，以询问配置问题为由，旁敲侧击地提醒他存在“故意模糊描述”的问题，暗示他如果车商 C 继续拖延不过户，由此导致损失也有他的责任，适当向他施压。

2. B 店应当与平台 A 核对当初上拍时提供的照片和资料，如果确认提供了 VIN 和与争议配置相关的照片，原则上车商 C 是可以自行核对配置情况的，并且任何平台的拍卖页面上都会标注“以实车交付和买方认可为准，年款型号仅作参考”，因此车商 C 也要负一定的“失察”责任。

3. 总之，T 先生、B 店评估师、平台 A、车商 C 在这起案例中都或多或少负有一定责任，应当按“各退一步”的思路协商解决方案。假设多方协调后，T 先生愿意象征性地退回 1000 元，平台 A 愿意承担 1000 元拖延过户责任，B 店评估师承担 1000 元工作失误责任，B 店就相当于少亏了 3000 元。

4. B 店与车商 C 协商时，可以表示愿意为“配置描述偏差”承担 2000 元补偿责任，但车商 C 必须立即过户，如果继续不履约，就会起诉追偿，同时申请资产保全，甚至冻结对方的流动资金。由于再拖下去必然得不偿失，车商 C 大概率能接受这个方案。

举一反三思考

1. 如何通过 VIN 核准车辆的年款型号？如果是“一码对多型”的情况，如何核查配置校准？

2. 在二手车收购和销售合同中，为避免纠纷，应当如何描述车辆的年款型号和配置情况？

3. 如何选择靠谱的二手车拍卖平台？如何避免拍卖平台“甩锅”导致成交后不过户？

案例 5.10 高车低评引纠纷，诚信经营是根本

图 1　案例车

车况速览

年款型号：2020 款 奔驰 GLC 300L 4MATIC AMG-Line（图 1）

生产日期：2020 年 1 月　　登记日期：2020 年 4 月

行驶里程：4.1 万公里　　车身 / 内饰颜色：白 / 黑

使用性质：个人非营运　　获得方式：购买

过户次数：0

案例来龙去脉

L 女士来到 B 店准备用一台奔驰 GLC 300L 置换新车。店里的新车销售顾问引导 L 女士来到二手车部门，二手车评估师对这台车进行了检测，发现车况良好且手续齐全，给出了 S 级评价。

随后，评估师利用某二手车估价软件向 L 女士展示了这台车的参考价格，软件显示车型是“2020 款奔驰 GLC300L 豪华型”，建议收购价 26 万元，建议零售价 28 万元。为尽快促成置换，评估师给出了 27 万元的“偏高”报价，L 女士欣然同意。

完成收购后，鉴于车况良好，店里决定采取零售处置方式，将车辆信息上传到二手车交易平台，车型描述是“2020 款奔驰 GLC 300L 4MATIC AMG–Line”，标价 33.8 万元（图 2）。

图 2　奔驰 GLC 300L 不同配置价格差异

一周后，L 女士的丈夫 W 先生来店找到当事新车销售顾问，气愤地表示，自己的车明明是“AMG–Line”，店里却按“豪华型”收购，这两个配置的新车指导价相差 10 万元，二手车差价至少有 4 万元，店里显然是看自己妻子不懂车，故意欺诈。W 先生要求店里要么全款退车并补偿折旧损失，

要么按31万元的“合理市场价”补偿4万元，否则就投诉，还要请媒体曝光。

案例处置过程和结果

1. 二手车部门不想放弃这台“大利润车”，提出补偿W先生1万元或价值1.5万元的维修代金券，W先生不同意，坚持表示如果不退车，店里就必须按31万元的“合理市场价”补偿4万元。

2. 新车销售部门和市场部门认为这件事存在投诉和舆论风险，建议二手车部门按全款退车处理。二手车部门随后与W先生协商，提出可以全款退车，但由于这台车已经过户到公司名下，退回会产生0.5%的税费，希望由W先生承担。W先生非常不满，表示如果退车，不仅不会承担税费，店里还必须补偿1万元折旧费，因为这样操作会多一次过户记录，影响后续处置价格。

3. 双方谈判未果，W先生向厂家投诉，厂家介入后要求店里在一周内解决。店里为息事宁人，最终进行了全款退车处理，并补偿了W先生1万元。

胖哥实战分析

1. B店二手车评估师要么是“疏忽大意”，没有仔细核对VIN和实际配置情况，错误识别了配置级别，要么是“见人下菜碟”，看L女士不懂车，故意“高车低评”。案例车的合理收购价应当是29万~30万元，27万元的收购价显然过低，存在较大的舆论风险。

2. 案例车的正常零售价应当在31万元左右，一般车商的收购价不会超过30万元，W先生提出的“合理市场价”是贴近实情的。

3. 从合同角度看，W先生“事后找补价格”属于违约行为，即使他诉诸法律途径解决，B店败诉的可能性也不大，但厂家投诉和媒体介入的“伤害力”显然不容小觑，B店还是要谨慎对待。

4. 针对这类事件，客户大概率对直接接触过的业务部门已经产生抵触情绪，店端最好先派出总监级或副总级管理者出面协商，不要由店总直接出面。这样一方面能展现出足够重视的态度，另一方面确保在总监或副总“谈崩”后，还能有店总“兜底”。

更优处置建议

1. 由总监或副总出面与W先生协商，首先表达歉意，承认存在“工作失误”；其次说明全款退车属于“两败俱伤”的选择，店里要负担0.5%税费，案例车多一次过户必然影响残值，W先生再次处理也费时费力，引导W先生放弃退车选项；再次提出两个折中方案，其一是店里按29万元的收购价补偿W先生2万元（如果W先生不同意，最高可以让价到29.4万元，同时加送一定价值的新车保养套餐），其二是W先生退回车款，改走寄售流程，售价由W先生决定，成交后店里收取2%服务费。

2. 由二手车部门“主攻”W先生的同时，新车销售部门也要打好“配合战”，积极联络L女士，发动“情感攻势”，主动表达歉意，争取谅解。

3. 如果双方谈妥，由存在“工作失误”的二手车部门承担相应成本。

举一反三思考

1. 针对年款、车型和配置级别问题，二手车评估师可以使用哪些软件和设备进行辨别和核验？

2. 二手车经销企业“低收高卖”导致客户抱怨的情况越来越普遍，如何从定价和标价方式以及内部沟通机制上彻底解决这个问题？

案例 5.11 索赔记录延迟，客户投诉退车

图 1　案例车

车况速览

年款型号：2023 款 奔驰 GLC 260L 豪华型（图 1）

生产日期：2023 年 1 月	登记日期：2023 年 3 月
行驶里程：1.6 万公里	车身 / 内饰颜色：白 / 黑
使用性质：公司非营运	获得方式：购买
过户次数：0	

案例来龙去脉

B店采购了一台本品车，车况良好，经过整备翻新，按品牌官方认证二手车卖给了Y先生。

几个月后，Y先生到另一家店做保养时，售后服务人员告知他这台车曾经索赔更换过变速器。Y先生得知后非常气愤，来到B店讨要说法，他认为变速器属于核心部件，店里在销售时应当明确告知有过更换情况，但当初销售人员只字未提，合同里也没有相关备注，这属于欺诈行为，要么全款退车，要么给予一定补偿。

负责接洽的二手车部门强调这台车符合品牌官方认证标准，没有质量问题，不可能退车或补偿。店里的“强硬态度”让Y先生大为光火，随后请来律师和资深媒体人到店，声称要用法律手段维权，要求店里“退一赔三”，并在媒体上公开道歉。

案例处置过程和结果

1. 面对律师和资深媒体人，店里相关责任人各说各话，新车销售经理和售后经理都表示不懂二手车，不好参与，而二手车经理坚称这台车符合品牌官方认证标准，没必要“惧怕”Y先生维权，可以“硬刚”到底。

2. 店总对二手车业务并不熟悉，先让行政经理安抚Y先生，同时做了两件事：其一是安排售后部门核查这台车的维保记录，发现索赔只是更换了变速器的驱动电机和集成单元，不涉及变速器本体换修，而且确认店里当初收购时查询维保记录并没有发现这些信息，判断可能是信息录入延迟的问题；其二是咨询了业内人士的建议，几位业内人士都表示，由于新车行情波动较大，这台车未来可能有7万~10万元的折旧，如果被Y先生起诉并被媒体进一步曝光，店里可能损失更大，因此建议采取高价回购方式尽快解决。

3. 面对资深媒体人和律师的不断施压，店总担心事态进一步恶化，决定让二手车部门按回购思路与Y先生协商。最终，店里以高于行情价的价格回购了这台车，累计亏损4.5万元。

胖哥实战分析

1. 针对案例，首先要核查维保记录中是否真的存在索赔更换变速器的信息，如果存在相关信息，还要辨清具体维修项目是否真的涉及“核心部件”（图2）。B店店总及时安排人员核查真实情况的处置方式没有问题。

2. 如果没有证据能证明销售人员曾经告知Y先生相关情况，B店就确实涉嫌“故意欺诈”，Y先生胜诉的概率很大，尽管“退一赔三”的可能性不大，但全款退车和赔偿损失肯定是躲不掉的。

3. 解决这类纠纷，一是不能拖，二是要先换位思考解决客户的情绪问题，再提出多个解决方案让客户有选择余地，千万不能针尖对麦芒地“硬刚”，否则有理也说不清。

更优处置建议

1. 既然确定只是更换了变速器的驱动电机和集成单元，不涉及变速器本体的换修，也就是说不存在“核心部件”换修的情况，就可以转换谈判思路，而不是一味妥协，认为只有高价回购才能解决问题。

工时描述
拆卸/安装自动变速箱 对于带变速箱 725.1 的车辆
经销商运营管理费
更换驱动单元及集成起动机发电机 (驱动单元已拆下)对于带变速箱 725.1 的车辆
经销商运营管理费
经销商运营管理费
代步车使用
拆卸/安装自动变速箱 对于带变速箱 725.1 的车辆
拆卸/安装自动变速箱的驱动单元及集成起动机发电机(自动变速箱已拆下) 对于带变速箱 725.1 的车辆
拆卸/安装自动变速箱 对于带变速箱 725.1 的车辆
保养菜单-空调滤清器
ZM检查行驶中仪表发动机故障灯亮停放后无法启动
更换驱动单元及集成起动机发电机 (驱动单元已拆下)对于带变速箱 725.1 的车辆
更换暖风系统或空调滤尘器
逸蓝保养1A1B
更换驱动单元及集成起动机发电机 (驱动单元已拆下)对于带变速箱 725.1 的车辆
拆卸/安装自动变速箱的驱动单元及集成起动机发电机(自动变速箱已拆下) 对于带变速箱 725.1 的车辆
空调系统清洗
进行带增值套件的保养 B
拆卸/安装自动变速箱的驱动单元及集成起动机发电机(自动变速箱已拆下) 对于带变速箱 725.1 的车辆

图2　维保记录中的维修明细

2. 面对律师和资深媒体人都在场的情况，店总最好亲自出面谈判，从策略上要“瓦解对方阵营”。先给媒体老师“戴高帽”，表示媒体老师是“专业人士”，请媒体老师来“做裁判”；然后说明查询维保记录表明没有“核心部件”换修，不存在质量问题，更不会影响后续使用，而且当初收购案例车时维保记录并没有显示相关信息，店里也是“蒙在鼓里”，不存在故意欺诈的问题；最后诚恳道歉，承认店里检测能力不足也是导致问题的主要原因，恳请谅解。面对上述专业合理的解释，媒体老师恐怕很难再附和支持“退一赔三”的过分诉求。

3. “拉拢”了媒体老师后，立即跟进“糖衣炮弹”，当场每人赠送一份礼品，比如原厂合金车模，顺势提出解决方案，表示如果Y先生不退车，可以赠送4次免费保养，以及发动机冷却系统和空调系统的养护服务。此外，如果赶上店里的新车“大促销”活动，可以高价回购Y先生的旧车，并且提供最优惠的金融政策。

举一反三思考

1. 为什么很多二手车业务相关的投诉，明明是小事，结果却不断发酵，引发了法律和舆论风险？4S 店二手车部门应当按什么流程处理投诉？店里其他部门应当如何配合二手车部门处理投诉？

2. 针对各类维保和出险记录异常问题，4S 店二手车部门应当如何完善流程和合同，避免售后风险？